김창옥의
마음이 자라는
따뜻한
소통 법칙
45

김창옥의 마음이 자라는 따뜻한 소통 법칙 45

김창옥 지음 | 이동철 그림

작가의 말

소통은 서로의 진심을 알아듣는 능력

"엄마랑은 말이 안 통해."

"친구가 내 마음을 몰라줘."

"선생님은 내가 미운가 봐. 내 말을 안 들어 주셔."

여러분은 혹시 이런 생각을 해 본 적이 없나요? 엄마도 친구도 선생님도 모두 외국어가 아닌 한국말을 사용하고 있는데 왜 서로 말이 통하지 않는 걸까요?

이것은 각자 말은 하고 있지만 마음속으로 받아들일 준비가 되어 있지 않기 때문이랍니다. 대화라는 것은 진심으로 상대방이 하는 말을 듣고 공감하는 것인데, 그저 왕왕거리는 소리로만 듣다 보니 말이 통하지 않는다고 느끼는 거지요.

사회가 복잡해지면서 많은 사람이 이렇게 소통의 문제로 고통을 겪고 있어요. 만나는 사람도 많고 해야 할 이야기도 많아지면서 진심 어린 대화가 이루어지지 않기 때문이에요. 아무리 열심히, 많이 말한다고 해도

　상대방이 받아들이지 못하면 아무 소용이 없겠지요?

　그렇기 때문에 우리는 어떻게 해야 소통을 잘할 수 있을까 생각해 봐야 한답니다. 말솜씨가 뛰어난 게 소통을 잘하는 것 아니냐고요? 아니에요. 세상에는 말 잘하는 사람도 많고 글 잘 쓰는 사람도 많지만, 말솜씨보다는 서로의 진심을 알아듣는 능력이 더 중요하답니다. 이게 바로 소통이거든요.

　소통을 잘하기 위해서는 또 하나, 자기 자신에 대해 잘 알 필요가 있어요. 내가 뭘 좋아하는지, 내가 어떨 때 슬픈지 기쁜지, 무엇에 의미를 두고 사는지 그런 것 말이에요. 이게 무슨 소통과 관련이 있냐고요?

　사람들은 누구나 조금씩 부족하거나 약하고, 때로는 열등감도 가지고 있어요. 자신 안의 이러한 감정들을 잘 살필수록 다른 사람에 대한 이해심도 커지지요. 그리고 이것이 진정한 소통을 향한 첫걸음이 된답니다.

　이 책에는 서로의 마음이 통하는 45가지 이야기가 담겨 있어요. 소통을 하려면 먼저 가까운 곳에 있는 사람들의 마음을 느껴 보고, 귀를 기울여야 한다는 것, 다른 사람이 자신을 몰라주거나 하찮게 여긴다 하더라도 자기 자신만은 자신을 격려하고 믿고 존중해 주어야 한다는 것, 마음속의 감사를 표현하도록 노력해야 한다는 것 등 소통을 잘할 수 있는 여러 가지 방법을 정리해 두었어요. 이런 방법들을 읽고 진정한 소통이란 어떻게 하는 것이며, 소통이 왜 중요한지 생각해 보길 바랍니다. 그리고 앞으로 여러분도 가정에서, 학교에서, 또 사회에서 훌륭하게 소통하는 사람이 되길 바랍니다. 소통 잘하는 사람이 행복한 삶을 꾸려 갈 수 있습니다.

김창옥

차례

작가의 말 소통은 서로의 진심을 알아듣는 능력 · 4

1　1분 기다리기 · 12
2　믿음의 큰 힘 · 16
3　좋은 말이 좋은 생각을 전한다 · 20
4　전체를 바라보기 · 24
5　거듭거듭 절하는 마음 · 28
6　마음의 트레이닝복 · 32
7　칭찬은 고래도 춤추게 한다 · 36
8　소통의 시작은 행복한 마음 · 40
9　내 안의 메테인 가스 · 44

역사 속 소통의 달인들 1
목숨을 걸고 약속을 지킨 탐험가 _ 어니스트 섀클턴 · 48

10 가까운 곳에서부터 소통하기 · 50

11 바나나 껍질과 알맹이 · 54

12 삶에도 브레이크가 필요하다 · 58

13 놀라운 선물 · 62

14 흔들리지 않고 피는 꽃은 없다 · 66

15 때로는 힘을 빼자 · 70

16 자신을 소중하게 여기자 · 74

17 추억은 힘이 세다 · 78

18 창조적인 질문하기 · 82

역사 속 소통의 달인들 2
화합의 정치를 펼친 대통령 _ 에이브러햄 링컨 · 86

19 마음의 힘 · 88

20 감사 · 92

21 인간관계 5가지 황금 법칙 · 96

22 멀리서 바라보기 · 100

23 깊은 산속 옹달샘 · 104

24 아름다운 리액션 · 108

25 당신은 사랑받기 위해 태어난 사람 · 112

26 자존감을 가꿔라 · 116

27 열등감 탈출! · 120

역사 속 소통의 달인들 3
상대방의 입장을 살핀 선비 _ 황희 · 124

28 그게 뭐 어때서? · 126

29 넘어지는 법 · 130

30 진짜 중요한 것 · 134

31 바닷가의 갈매기 · 138

32 지금, 바로 여기에서 · 142

33 선택과 포기 · 146

34 주인으로 살기 · 150

35 자연스럽게 받아들이기 · 154

36 알면 좋아하게 된다 · 158

역사 속 소통의 달인들 4
상과 벌을 엄격히 한 원칙의 리더 _ 이순신 · 162

37 몸과 마음 · 164

38 마음의 문 · 168

39 내 마음의 감옥 · 172

40 실천하기 · 176

41 소망을 말하기 · 180

42 웃음의 비밀 · 184

43 한 번 더 말 걸기 · 188

44 마음의 약 · 192

45 강에서 바다로 · 196

역사 속 소통의 달인들 5
자신을 먼저 열어 보이는 소통 _ 오프라 윈프리 · 200

어린이를 위한 소통의 법칙 · 202

1

1분 기다리기

　뉴욕의 기차는 항상 예정 시간보다 1분 늦게 출발한다고 합니다. 단 1분이 늦는 바람에 기차를 놓쳐 30분을 다시 기다려야 하는 사람들에 대한 배려이지요. 여러분은 이런 마음의 여유를 가지고 있나요? 혹시 친구가 말하는 동안에 귀 기울여 듣기보다는 자신이 할 말만 생각하고, 친구의 말이 끝나기도 전에 자기 이야기를 시작하지는 않나요? 친구들과 즐겁게 이야기하고 소통하기 위해서는 30분도 아니고 10분도 아니고 딱 1분을 기다려 주는 여유가 필요합니다.

　상대방의 말이 조금 언짢았다고 해서 바로 화내고 공격할 것이 아니라, 항상 1분을 기다린 후에 나의 생각이나 의견을 말해 보세요. 놀랍게도 그 짧은 1분 동안 마음이 차분해지고 화도 가라앉는 것을 깨달을 수 있을 거예요. 이와 비슷한 의미로 "참을 인(忍)이 세 번이면 살인도 면한다."라는 말이 있습니다.

옛날에 한 선비가 과거에 급제해 한 고을의 수령으로 가게 되었습니다. 고향을 떠나기 전 선비는 어머니께 가서 하직 인사를 했어요. 그러자 어머니는 아들의 손을 잡으면서 이렇게 말했어요.
"어떤 일을 하더라도 참을 인(忍) 자를 세 번만 생각하고 행동하거라."
"네, 명심하겠습니다. 어머니."
선비는 이렇게 대답한 후 임지로 향했지요. 마을을 막 나서려는데 집에서 부리던 하인이 달려와 어머니가 찾는다는 전갈을 전했어요. 걱정이 된 선비는 서둘러 집으로 달려갔지요. 다행히 어머니에게는 아무 일도 없었어요. 어머니는 다시 떠나려는 아들에게 말했어요.
"어떤 일을 하더라도 항상 참을 인(忍) 자 세 번만 생각하거라."
선비는 이번에도 명심하겠노라고 말하며 길을 나섰답니다.
이번에는 한 10리쯤 가서 잠깐 쉬고 있는데 또 어머니가 찾는다는 전갈이 왔어요. 선비는 어머니에게 정말 무슨 급한 일이 생겼나 해서 부지런히 다시 집으로 향했어요. 아들의 얼굴을 본 어머니는 "참을 인(忍) 자를 명심하라."고 다시 당부하는 거였어요. 이번에는 선비도 화가 났어요.
"어머니, 제가 어린아이도 아니고 한 번 말씀하시면 알아들을 텐데 왜 자꾸 불러서 말씀하시는 거예요?"

그러자 어머니는 대답했어요.

"그것 봐라. 세 번 참는다는 게 얼마나 어려운 일인지 이제 알겠지?"

선비는 그제야 크게 깨우치는 바가 있었어요. 그 후로 선비는 어머니의 말을 잊지 않고 '참을 인(忍) 세 번'을 실천해서 고을의 훌륭한 수령이 되었답니다.

친구나 부모님과 대화를 나누다 별것 아닌 일로 화낸 적이 있을 거예요. 화를 내면 당장은 기분이 나아지는 것처럼 생각되지만, 결국 관계가 나빠져 더 속상합니다. 화가 나거나 기분 나쁜 일이 있을 때 표현부터 하지 말고 마음속으로 '1분만 참아 보자.'라고 생각해 보세요. 그러면 어느새 날 서고 뾰족했던 마음도 서서히 내려앉는답니다. 친구에게 싫은 소리를 들었을 때, 부모님의 잔소리에 욱하는 마음이 들어 대꾸하고 싶을 때도 이렇게 1분만 기다리다 보면 마음도 가라앉고 나쁜 말을 하고 싶었던 기분도 사라집니다. 짧은 1분이 이렇게 큰 역할을 하는 걸 보면 정말 대단하지 않나요?

# 1분 기다리기

2

믿음의 큰 힘

혼자서 야간 등산을 하던 한 남자가 발을 헛딛고 떨어져서 벼랑에 매달리게 되었어요. 남자는 작은 돌부리를 붙든 채 간신히 매달려 있었어요. 두려움과 고통으로 남자의 온몸은 땀으로 뒤범벅이 되었지요. 남자가 절박한 목소리로 소리쳤어요.

"누구 없어요? 살려 주세요!"

아무리 소리쳐도 누구 하나 나타나지 않았어요. 남자는 간절한 목소리로 하느님을 찾았어요.

"하느님, 제발 저를 살려 주세요!"

그 목소리가 얼마나 간절했던지 마침내 하느님이 그에게 대답했습니다.

"네 손을 놓아라!"

"네?"

"살려거든 지금 네 손에 움켜쥐고 있는 그 돌부리를 놓으란 말이다."

"그게 무슨 말씀이세요? 이걸 놓으면 저는 죽는단 말입니다. 제발 줄이라도 하나 내려 주세요!"

더 꽉 붙잡아도 모자랄 판에 손을 놓으라니! 남자는 자신의 귀를 의심하며 하느님께 되물었어요. 하지만 하느님은 계속해서 같은 말만 반복했어요. 참다못한 남자는 하늘을 향해 소리쳤지요.

"거기, 하느님 말고 다른 분 없어요? 누가 나 좀 살려 주세요!"

남자는 울먹이며 소리쳤지만 누구도 나타나지 않았고, 하늘에서는 더 이상 어떤 목소리도 들려오지 않았어요.

'그래, 날이 밝으면 사람들이 올 거야. 그때까지만 버텨 보자.'

남자는 해가 떠오르기만을 기다리며 온 힘을 다해 벼랑 끝 돌부리에 매달렸어요.

마침내 동이 트고 주위가 환해졌어요.

"어이, 당신! 거기서 뭐 해요?"

지나가던 등산객이 남자를 발견하고 물었지요.

"아, 살려 주세요! 나 좀 살려 주세요!"

남자는 돌부리를 쥔 손에 더욱 힘을 주며 소리쳤어요.

"그 손을 놓으세요!"

"네?"

"그 손을 놓으라고요!"

이상하게도 등산객은 하느님이 했던 말과 똑같은 말을 했어요.

"뭐야? 모두 나보고 죽으라는……."

그 순간, 자신의 발아래를 내려다본 남자는 너무 놀라 입을 다물지 못했어요. 자신이 낭떠러지라고 생각했던 그곳은 바로 30센티미터 아래에 평지가 있었던 거예요.

마음이 칠흑 같은 어둠이면 아무리 좋은 길이라도 보이지 않습니다. 바로 한 치 아래에 평지가 있어도 보지 못하고 버둥거리게 되지요. 여러분도 그런 경험이 있을 거예요. 그럴 때는 주변 친구들이나 부모님의 이야기에 귀를 기울여 보세요. "네가 뭘 알겠어?" 혹은 "엄마가 요즘 아이들에 대해서 알기나 해요!"라며 무시하거나 "부모님 이야기는 들으나 마나지, 뭐. 결국 잔소리만 하실 거야."라며 귀를 막지 말고 그 사람들이 어떤 이야기를 하는지 잘 들어 보세요. 어쩌면 친구나 선생님, 혹은 부모님이 자신이 미처 보지 못하는 것을 보고 도움이 되는 이야기를 해 줄지도 모르니까요.

믿음의 큰 힘

3

좋은 말이 좋은 생각을 전한다

　영빈이는 오늘 학교에서 돌아오자마자 숙제를 해야겠다고 마음먹었어요. 매번 숙제부터 하라는 엄마의 잔소리를 듣는 것이 지겹기도 했지만, 죄송하기도 했거든요.

　그런데 집에서 가방을 열자 숙제 알림장을 학교에 두고 온 것을 알게 되었어요. 영빈이는 친구 석주에게 전화를 걸어서 물어봐야겠다고 생각하고 엄마가 차려 놓은 간식을 먹기 시작했어요. 간식 먹는 동안만 보려고 텔레비전을 켰더니 마침 영빈이가 좋아하는 만화를 재방송해 주고 있었어요.

　"와! 내가 좋아하는 만화네. 이거 먹는 동안만 봐야지."

　그렇게 30분쯤 지났을까요? 문이 열리는 소리가 들려서 보니 엄마가 퇴근해서 집에 들어오고 있었어요.

"또 텔레비전이니? 넌 왜 맨날 그 모양이니? 내가 못 살아! 다른 애들은 엄마가 일하면 집안일도 거든다는데 넌 엄마를 속 썩이려고 작정을 했구나!"

엄마는 평소보다 더 심하게 야단쳤어요. 오늘만은 엄마 잔소리를 듣지 않으려고 다짐했는데, 그 마음도 몰라주고 영빈이가 싫어하는 소리만 골라 하는 엄마가 정말 미웠어요!

"당장 네 방으로 가!"

"알았어, 알았다고! 나도 소리만 지르고 잔소리하는 엄마 따윈 정말 싫어!"

영빈이도 꽥 소리 지르면서 방으로 들어가 문을 닫아 버렸어요.

집 안이 갑자기 조용해졌어요. 거실에서는 엄마가 훌쩍이는 소리가 들렸어요. 엄마도 많이 속상했나 봐요. 하지만 영빈이는 화해하고 싶은 마음이 들지 않았어요. 다른 친구들 엄마는 따뜻하고 친절하기만 한 것 같은데, 영빈이 엄마만 그렇지 않은 것 같아 서러웠어요.

그때 아빠가 퇴근해서 집에 왔어요. 아빠는 영빈이 방으로 들어와 이야기를 듣더니 영빈이의 어깨를 두드려 주었어요.

"저런, 엄마가 너무 심하게 말했구나. 영빈이는 숙제를 먼저 하려고 했는데 말이야. 그렇지?"

아빠가 자신의 마음을 이해하는 것 같아 영빈이는 더 눈물이 났어요.

"아까 잠깐 이야기를 들어 보니 엄마도 회사에서 뭔가 속상한 일이 있었더라고. 네가 이해해 주면 엄마도 영빈이도 기분이 좋아질 것이고, 저녁도 맛있게 먹을 수 있을 것 같은데, 어때?"

한참 망설이던 영빈이는 그제야 고개를 끄덕였어요. 그리고 엄마에게 다가가 말했어요.

"엄마, 죄송해요. 힘들게 일하고 오셨는데, 저는 맨날 노는 모습만 보여 드렸어요. 이젠 안 그럴게요."

아빠는 그 모습을 보고 환하게 웃었고 영빈이네 가족은 그날 즐겁게 외식을 했답니다.

> 아무리 좋은 뜻의 말이라도 기분 나쁘게 전달하면 의미가 없어요. 화가 나서 하는 말은 상대방에게 전달되지 않으니까요. 누군가의 행동이 마음에 들지 않아도 싫은 소리를 하기 전에 그 사람의 입장을 한번 헤아려 보아요. 그러면 불필요한 말 대신에 서로 격려하고 칭찬하는 말로 시작할 수 있을 거예요.

좋은 말이 좋은 생각을 전한다

4

전체를 바라보기

　여섯 살 정도로 보이는 남자아이와 아이의 아빠가 함께 지하철에 탔습니다. 낮이어서인지 지하철 안은 한산했어요. 사람들은 책을 읽거나 살짝 잠이 들기도 했어요. 그런데 지하철 안으로 들어온 남자아이는 지하철 여기저기를 오가며 장난을 치기 시작했어요. 소리를 지르며 지하철 안을 뛰어다니고, 어떤 아저씨가 읽고 있는 신문을 툭툭 치기도 하고, 심지어는 신발을 신은 채 빈 좌석에 올라서서 폴짝거리며 뛰기까지 했어요. 승객들은 그런 아이와 아이의 아빠를 번갈아 쳐다보며 혀를 끌끌 차거나 눈살을 찌푸렸습니다.

　"아이가 공공장소에서 남에게 피해를 주는 장난을 치는데 아이 아빠는 왜 말리지도 않나?"

"그러게, 요즘 부모들은 그저 자기 애 귀한 것만 알지, 도덕이니 질서니 뭐 이런 건 뒷전이라고."

"애를 저렇게 키워서야, 원……."

아이의 장난이 길어질수록 사람들의 투덜거림은 점점 심해졌어요. 하지만 아이 아빠는 무슨 생각을 하고 있는지 사람들의 불평에는 아랑곳하지 않고 그저 묵묵히 앉아만 있었지요. 승객들이 한껏 눈치를 줬지만 아이 아빠는 본 척 만 척이었어요.

"저, 이보시오, 젊은 양반. 아이가 공공장소에서 저렇게 심하게 장난을 치는데, 말려야 하는 것 아니오?"

보다 못한 한 노인이 아이의 아빠에게 퉁명스럽게 말했어요.

"네? 아, 죄송합니다. 정말 죄송합니다."

그제야 아이의 아빠는 정신을 차린 듯 연신 죄송하다는 말을 하며 고개를 숙였어요. 승객들은 그런 아이 아빠의 태도가 마음에 안 든다는 듯 얼굴을 돌리고 헛기침을 해댔어요. 그러자 아이의 아빠는 이렇게 말했답니다.

"사실, 제가 지금 애 엄마를 하늘나라로 보내고 오는 길이랍니다. 애 엄마는 고생만 하다 세상을 떠났고, 엄마도 없이 저 어린것을 어떻게 키울까 걱정을 하다 보니 미처 아이의 행동을 살피지 못했습니다. 제 불찰입니다. 정말 죄송합니다."

아이의 아빠는 자리에서 일어나 아이의 행동을 말렸어요.

"애야, 지하철에서는 얌전히 있어야지. 여기 와 앉으렴."

그러자 남자아이는 제 아빠 옆에 앉는 듯싶더니 이내 자리에서 일어나 다시 장난을 치기 시작했어요. 하지만 승객 중 그 누구도 아이의 행동에 대해 더 이상 혀를 차거나 눈살을 찌푸리지 않았어요.

"에휴, 어린아이가 그럴 수도 있지."

"그럼. 장난 안 치고 크는 아이들이 어디 있나. 어른들이 이해해야지."

사람들은 이렇게 말하며 고개를 끄덕였어요. 한 아주머니는 아이를 꼭 안아 주었답니다.

아이의 행동은 달라지지 않았습니다. 하지만 지하철 안에 있던 사람들은 아이 아빠의 이야기를 듣고 나자 아이를 바라보는 시선이 바뀌었어요. 소통한다는 것은 상대방을 이해하고 서로 마음을 나누는 것입니다. 여러분도 눈에 보이는 것만 보고 화내거나 불평하지 말고, 왜 그럴까, 혹시 다른 이유가 있는 것은 아닐까를 먼저 생각해 보세요. 한 면만 보지 않고, 전체를 보려고 노력하는 것이 바로 소통의 첫걸음이니까요.

전체를 바라보기

5

거듭거듭 절하는 마음

 우리나라의 큰 스님이었던 성철 스님이 남긴 유명한 말로는 "산은 산이요, 물은 물이로다."가 있지요. 깨달음의 수준이 높으면 만물을 해석하지 않고 물은 물로, 산은 산으로, 있는 그대로 보게 된다는 뜻이지요.
 성철 스님이 살아 계실 때, 스님에게 지혜와 가르침을 구하러 오는 사람들이 많았어요.
 "나를 만나려면 일단 삼천 배를 먼저 하고 오너라."
 스님은 찾아온 사람들에게 언제나 이렇게 말하곤 했답니다.
 "하이고, 백팔 배도 아니고 삼천 배를 하라니…… 나는 자신이 없네."
 "성철 스님 만나기가 그렇게 어려워서야."
 사람들은 고개를 절레절레 흔들었어요. 삼천 번이나 절하라는 것인데 보통 사람이 하기에는 무척 힘든 일이지요. 어떤 이들은 그 이야기를 듣고 '아, 성철 스님이 사람들을 시험해 보시는 거구나.' 하고 생각했어요. 간절함이 깊은 사람은 삼천 배를 해내고 스님을 만날 것이며, 간절함이 덜한 사람은 도중에 포기하고 돌아갈 테니까요.

그런데 성철 스님은 사람들의 간절함을 테스트하기 위해서 삼천 배를 하라고 했을까요? 꼭 그렇지만은 않았을 거예요. 사람들이 삼천 배를 하면서 움켜쥐려는 무언가를 내려놓기를 바란 것이었다는 생각이 들어요. 좀 어려운 설명이지요?

어떤 사람이 성철 스님을 뵙고 싶어서 정말 삼천 배를 시작했어요. 그런데 어찌 된 일인지 절을 거듭할수록 마음이 편안해지는 것을 느꼈어요. 그리고 삼천 배를 마치는 순간 크게 깨달았지요.

"아! 내가 쓸데없는 고민에 싸여 살았구나."

성철 스님을 만나 풀어 보려던 것이 삼천 배를 하는 사이에 자신도 모르게 해결되어 버린 거예요. 바로 이런 점에 삼천 배의 의미가 있는 거예요. 그 사람은 성철 스님을 만나지 않고도 자신의 문제를 해결했어요.

삼천 배를 하다 보면 처음 얼마 동안은 온갖 생각들로 머릿속이 복잡해져요. 그동안 자신을 힘들게 했던 일들, 앞으로 이루어야 할 것 등이 머릿속에 가득 차지요. 하지만 한 번 한 번 절이 거듭될수록 몸이 힘들어지면서 생각은 점점 단순해진답니다. 그리고 마침내 필요 없는 생각은 다 사라지고 가장 중요한 것 하나만 남게 되지요. 그것은 바로 맑고 건강한 정신이랍니다.

사람들은 무언가를 간절히 빌기 위해 하느님과 부처님을 찾고, 교회에서 예배를 보고 유명한 절을 찾아 백팔 배도 하고 탑돌이까지 하지요. 하지만 욕심 가득한 마음으로는 아무리 기도하고 절해도 마음의 평화를 찾을 수가 없어요.

"한 달에 한 번 보약 먹는 셈 치고 삼천 배를 하라."

성철 스님의 이런 말씀처럼 한 달에 한 번 자신을 돌아보는 시간을 가져 보세요.

절하는 것에는 많은 의미가 있지만 그중에서도 자신을 내려놓는 데 큰 의미가 있답니다. 아무리 잘나고 똑똑한 사람도 절을 하면 허리를 굽히고 고개를 숙이면서 자신을 겸허하게 바라볼 수 있게 되지요. 이런 상태에서는 다른 사람의 말을 잘 들어 주고 누구와도 말이 잘 통할 수 있어요. 주변의 친구들이나 부모님과 말이 안 통한다고 투덜거리기에 앞서 자신이 정말 들을 자세가 되어 있는지 점검해 보는 것도 좋은 방법이랍니다.

# 거듭거듭 절하는 마음

6
마음의 트레이닝복

트레이닝복은 편하게 입기 위해 누구나 하나씩은 가지고 있는 옷입니다. 가격도 저렴하고 품도 넉넉하고 움직임에 따라 잘 늘어나기 때문에 입으면 몸이 편해지는 것은 물론이고 마음까지도 편안해지지요.

어느 날 은서는 엄마로부터 백화점에서 산 멋진 새 원피스를 선물받았어요. 학교에 입고 갈 생각을 하니 은서의 마음은 하늘을 날 것 같았지요. 다음 날 아침 새 옷을 꺼내 구겨진 곳은 없는지, 레이스가 빳빳하게 잘 서 있는지를 살펴본 다음 옷을 갈아입었어요.

"아유, 우리 은서 예쁘네! 이렇게 입으니 공주님 같구나."

은서는 엄마의 칭찬을 들으며 거울에 비친 자신의 모습을 보자 어느새 어깨에 힘이 들어갔어요. 아니나 다를까, 교실에 들어서자마자 친구들의 환호성이 터졌어요.

"와, 은서 너 옷 정말 멋지다."

은서는 기분이 좋았어요.

'이게 얼마나 비싼 옷인데, 내가 봐도 정말 멋지잖아!'

은서는 옷이 구겨지지 않도록 수업 시간에도 꼿꼿이 앉아 선생님 말씀을 들었어요. 그런데 시간이 지나면서 좀 불편해지기 시작했어요. 옷이 망가질까 봐 편한 자세도 취할 수 없고, 때가 묻을까 봐 운동장에서 친구들과 마음 놓고 장난칠 수도 없었지요. 은서는 점심시간에도 운동장 벤치에 앉아 친구들이 노는 모습을 바라보기만 했어요.

"은서야, 아이스크림 먹자!"

단짝 친구 민주가 아이스크림을 건넸지만 은서는 기뻐하기는커녕, 몸을 뒤로 빼야만 했어요. 아이스크림이 녹고 있어서 원피스에 떨어질까 봐 걱정이 되었거든요. 새 옷을 입은 첫날부터 옷을 더럽히면 속상하니까요.

"미, 미안해. 아이스크림이 녹아 버렸네······."

오히려 민주가 미안해했어요.

"아냐, 옷에 묻을까 봐 그랬어. 잘 먹을게."

은서는 그렇게 좋아하던 아이스크림 맛을 제대로 느끼지도 못했어요. 은서의 마음은 하루 종일 불편하고 어떤 일에도 집중이 안 돼 재미가 없었어요. 얼른 집에 가서 편한 트레이닝복으로 갈아입고 싶었지요.

우리의 마음에도 이렇게 주름 빳빳하게 잡힌 옷이 있어요. 자신이 얼마나 공부를 잘하고, 자기 집이 얼마나 부자인지, 또 자기가 얼마나 잘생기고 예쁜지를 내세우고 뽐내고 싶어 하는 마음이 바로 그것이에요. 마음의 정장을 입고는 다른 사람과 소통하기가 어렵답니다. 하지만 마음이 편안한 트레이닝복을 입는다면 다른 사람에게 잘 보이고 싶어 하는 마음이 없어지니 잘 어울릴 수 있어요.

내가 잘난 척 뽐내며 정장을 고집하면 아무와도 소통할 수 없어요. 내가 빳빳하게 주름을 만들면 상대방도 빳빳한 주름을 만든답니다. 그렇게 되면 두 사람은 영원히 만나지 못하는 평행선을 달리고 말지요. 마치 정장 바지의 잘 잡힌 주름처럼 말이에요.
하지만 내가 마음의 트레이닝복을 입으면 상대방도 금방 편안한 트레이닝복으로 바꿔 입을 거예요. 구김이 가고, 때가 타고, 무릎이 나와도 신경 쓰지 않으니 그 어느 때보다 진솔하고 따뜻한 말을 나눌 수 있지요. 바로 마음의 트레이닝복을 입었기 때문이랍니다.

마음의 트레이닝복

7

칭찬은 고래도 춤추게 한다

"너, 이 버릇 고쳐야 해. 형이 벌써 여러 번 이야기했지? 다른 사람들은 네가 어떻게 되든 상관없기 때문에 말하지 않지만, 형은 네가 잘되기를 바라기 때문에 이야기하는 거야. 그러니까 형 말 들어! 알았지?"

"……."

"알았냐고? 왜 대답이 없어. 형 말하는데."

"알았어."

그제야 민우가 미적미적 대답했어요.

그 후에도 형의 지적은 끝이 없었지요. 민우에게는 나이 차이가 많이 나는 형이 있어요. 그런데 형은 민우에게 태권도를 가르치면서 칭찬보다는 늘 지적을 많이 했어요.

"나도 태권도 말고 잘하는 거 많은데…… 노래도 잘하고, 독후감도 잘 쓰고……. 그런데 형은 왜 잘하는 건 하나도 칭찬 안 해 줘?"

답답한 민우가 형에게 물었어요.

"그딴 거 잘해서 뭐 해? 남자는 운동을 잘해야 하는 거야. 너 유도 할 수 있어? 농구 잘해? 그런 것도 못 하면 태권도라도 잘해야지."

다시 형의 잔소리가 시작되었어요. 민우의 어깨는 축 처지고 말았지요.

'나도 운동 잘하고 싶은데 지적만 하는 형 앞에서는 언제나 주눅이 든단 말이야.'

같은 반 진구도 운동에 있어서는 잘하는 게 하나도 없는 친구예요. 그런데 얼마 전 체육대회 원반던지기에서 1등을 차지했어요. 그때 운동장에서 응원하고 있던 진구의 엄마가 얼마나 기뻐하는지 그 모습을 본 민우도 덩달아 기뻤지요.

"와! 우리 진구 최고다! 정말 잘했어! 우리 아들은 어쩌면 이렇게 멋질까? 이리 와, 뽀뽀해 줄게!"

그런데 그 이야기를 들은 형은 또 한소리를 했어요.

"봐라, 그렇게 뚱뚱한 애도 하나는 잘하잖니. 그런데 넌 변변하게 잘하는 게 없으니 정말 걱정이다, 걱정."

그 말을 들은 민우는 먹던 김밥이 목에 걸리는 것 같았어요. 민우는 슬며시 젓가락을 내려놓았지요. 그날 이후부터 민우는 진구가 정말 부러웠답니다. 민우도 형이 조금만 인정해 주면 잘할 수 있을 거 같았어요.

이런 경험은 누구나 있을 거예요. 그만큼 칭찬의 힘은 크답니다.

성공한 사람들이 처음부터 큰 성공을 이뤘던 것은 아니에요. 작은 성공을 체험하면서 자신감을 키웠던 것이죠. 또한 그들은 칭찬의 힘을 잘 알기에 다른 사람 칭찬하기를 주저하지 않아요. 그래서 주변에는 항상 긍정적인 사람들이 모이고, 함께 의욕을 북돋우며 좋은 관계를 만들어 갑니다.

부모님에게 칭찬해 달라고 졸라 보세요. 칭찬은 칭찬을 불러온답니다. 그런데 칭찬만 받고 더 나아지지 않으면 부모님의 칭찬은 다시 뚝 끊기 겠죠?

칭찬은 고래도 춤추게 한다

8

소통의 시작은 행복한 마음

〈내셔널지오그래픽〉 방송에서 남태평양의 섬나라 원주민 5명을 영국으로 초청했어요. 원주민들이 영국 생활을 어떻게 느끼는지 다큐멘터리로 찍어서 방송하기 위해서였지요.

벌거벗은 몸에 나뭇잎으로 된 가리개만 걸치고 있던 다섯 남자는 멋진 문명의 옷으로 갈아입었어요. 그리고 거리로 나갔지요. 그들은 난생처음 만나는 광경에 놀랐어요. 쌩쌩 달리는 자동차와 번화한 거리는 그들에게 매우 새로운 것이었지요. 다섯 남자는 영국 맥주도 마셔 보고 하늘 높이 솟은 빌딩도 구경하고, 나이트클럽도 가 보았답니다. 그리고 상류층의 호화로운 생활도 체험해 봤지요. 하지만 하루하루 지날수록 원주민들은 고개를 갸웃거렸고 표정은 어두워졌어요. 너무나 많은 것을 가지고 있음에도 자꾸 더 가지려고 바쁘게 사는 영국 사람들이 이해가 가지 않았거든요.

원주민들이 넓은 농장을 방문했을 때였어요.

소와 돼지를 우리에 가둬 놓고 밥만 먹이고 움직이지 못하도록 하는 농장 주인에게 이렇게 물었어요.

"도대체 소와 돼지들은 어디서 즐거움을 얻죠? 그들에게도 놀 시간이 필요하잖아요."

"소와 돼지를 놀게 하라고요? 말도 안 되는 소리 마시오. 우리는 그런 것에는 관심이 없답니다. 우리의 관심은 어떻게 하면 새끼를 더 많이 낳게 할까에 있어요."

원주민들은 실망한 표정으로 돌아섰어요. 그리고 이번에는 주방에서 접시를 닦느라 바쁜 부인에게 물었지요.

"그렇게 접시를 닦느라 시간을 허비하면 가족들과 이야기는 언제 나누죠?"

"얘기야 뭐 언제든 나눌 수 있지만, 비싸고 예쁜 접시는 이렇게 깨끗하게 닦아 두어야 하거든요."

원주민들은 더욱 실망한 표정을 지었어요.

"아무래도 저 아주머니에게 접시가 너무 많은 것 같군요."

그러면서 원주민들은 고향에서의 생활을 떠올렸어요. 바나나 잎에 음식을 싸서 먹고, 먹고 나면 그 잎을 숲속에 휙 던져 버리고는 얼른 나무

그늘 아래로 가서 가족, 이웃들과 즐거운 시간을 보내던 생활을요. 그들은 이제 고향이 그리워졌답니다.

마침내 다섯 명의 원주민들이 섬으로 돌아가는 날, 그들은 영국인들에게 마지막 인사를 전했어요.

"우리는 행복을 전해 주기 위해 영국에 온 것 같네요. 여러분, 행복하십시오. 여러분이 돼지를 어떻게 키우든, 접시가 많든 적든, 당신들이 행복을 느끼며 살면 좋겠습니다. 우리들처럼요."

가진 것이라곤 허리춤에 두른 가리개 하나가 전부인 다섯 남자는 환한 미소를 지으며 그렇게 고향으로 돌아갔답니다.

우리는 작은 섬나라의 원주민보다 많은 것을 가지고 있어요. 그런데도 행복하지 못할 때가 많아요. 가진 것보다 못 가진 것을 생각하고, 어떻게 하면 더 가질 수 있을까를 고민하느라 행복할 시간마저 허비하고 있습니다. 자기가 가진 것만으로도 행복감을 느끼고, 그 행복을 나눌 수 있을 때 진정한 소통이 이루어진답니다.

소통의 시작은 행복한 마음

9

내 안의 메테인 가스

　세상의 모든 것은 에너지가 될 수 있어요. 석유의 매장량은 점점 줄어들고 있지만 석유 말고도 바람, 태양광, 수소 등 다양한 에너지원들이 있지요. 심지어 식물이 썩을 때 생기는 메테인 가스가 연료로 쓰이기도 해요.

　시골에서는 옛날에 재래식 변소를 쓰는 곳이 있었는데, 이렇게 똥을 오래 묵혀 두면 메테인 가스가 생겨 소중한 에너지가 됩니다.

　똥에서 나온 메테인 가스가 에너지가 될 수 있는 것처럼, 사람들이 가지고 있는 부족함도 삶의 메테인 가스가 되어 에너지를 줄 수 있어요. 부족함이 어떻게 에너지가 되냐고요?

　잘 생각해 보세요. 헬렌 켈러는 보지도 듣지도 말하지도 못하는 조건을 가지고 있었지만 그것을 극복하고 훌륭한 인물이 되었어요. 헬렌 켈러는 19개월 되던 때 심한 병을 앓은 후 시각과 청각을 잃은 탓에 말도 배울 수 없었어요. 그러나 여섯 살 때부터 설리번 선생님에게서 가르침을 받기 시작하면서 점자를 배워 매사추세츠주 케임브리지의 래드클리프대학을 우등생으로 졸업했답니다. 대학교를 졸업할 때쯤에는 5개 국어를 습득할 정도였다고 해요. "장애는 불편하다. 그러나 불행하지는 않다."는 멋진 말도 남겼지요. 그 후 헬렌 켈러는 장애인들의 인권을 위해 자신의 일생을 바쳤어요. 헬렌 켈러의 정신력과 노력은 전 세계 장애인들에게 큰 희망을 주었지요.

입양아였던 스티브 잡스는 어렸을 때 친구들의 놀림과 방황을 극복하고 컴퓨터 회사인 애플 사를 차려 아이팟과 아이폰, 아이패드로 세상을 놀라게 했어요. 잡스의 놀라운 창의력과 기발한 아이디어는 자신의 부족함을 역으로 이용했기 때문이랍니다.

그뿐만이 아니에요. 우리나라에도 네 손가락 피아니스트 이희아가 있지요. 희아는 선천성 사지기형 1급 장애인으로 양손에 손가락이 두 개밖에 없답니다. 손 힘을 기르기 위해 시작한 피아노를 하루에 10시간씩 쉬지 않고 연습한 덕분에, 1993년 전국 장애인예술대회에서 최우수상을 수상하며 피아니스트로 데뷔했고, 지금도 멋진 피아니스트로 활동하고 있어요.

또 가난한 집안에서 태어나 막노동까지 하면서도 공부를 계속해서 서울대학교 법대에 입학했고 지금은 변호사가 된 사람도 있어요. 그는 고등학교를 졸업한 후 생활비를 벌기 위해 6년간 가스 배달, 택시기사, 공사장 잡역부 등 온갖 아르바이트를 하면서 공부했고 마침내 서울대학교 인문계열에 수석으로 합격했어요.

이처럼 인생의 상처나 부족함은 때때로 우리를 힘들게 하지만 더욱 열심히 살게 하는 힘이기도 해요. 그러니까 가난한 것도 에너지, 다른 사람들보다 능력이 부족한 것도 에너지가 될 수 있습니다. 목마르기 때문에 갈증을 해소하려고 노력하고, 배가 고프기 때문에 그걸 해결하려 힘을 쓰기 때문이지요.

상처와 부족함을 감추려 하지 말고 인정하고 받아들여 보세요. 그것은 삶을 살찌우고 발전시키는 좋은 에너지가 될 수 있답니다. 자꾸 감추려고만 하면 어느 날 작은 불씨에도 '펑!' 하고 터져 버리는 일이 발생할 수 있어요. 좋은 에너지가 될 수 있었던 메테인 가스가 자신을 상처 내고 무너뜨리는 데에 쓰이는 것이지요.

내 삶의 결핍은 무엇인지 곰곰이 생각해 보세요. 과연 내 삶의 메테인 가스는 무엇일까요? 우리는 그것을 에너지로 잘 사용하고 있는 걸까요? 아니면 계속 무언가로 덮어 버리다가 결국엔 폭탄을 만들어 사람들에게 상처를 주고 있지는 않은가요?

내 안의 메테인 가스

역사 속 소통의 달인들 1

목숨을 걸고 약속을 지킨 탐험가

영국에서 태어난 섀클턴은 지난 1,000년 동안 가장 위대했던 탐험가이며 가장 위대했던 지도자라는 평가를 받고 있습니다.

섀클턴의 꿈은 남극 탐험이었어요. 그래서 27세에 로버트 스콧이 이끄는 탐험대에 참여해 첫 번째로 남극 탐험을 시도했는데, 다음 해 괴혈병에 걸려 다른 대원들보다 먼저 돌아왔어요. 1907년에는 남극 탐험 대장이 되어 두 번째 남극 탐험에 나섰으나 식량 부족으로 다시 돌아와야 했지요. 그러나 당시로서는 남극에 가장 근접한 기록을 세움으로써 '경'의 칭호를 받았답니다.

섀클턴은 도전을 멈추지 않고 1914년 인듀어런스호를 타고 세 번째 남극 탐험에 나섰으나 웨들해에서 얼음에 갇히고 말았어요. 얼음에 갇힌 배는 꼼짝도 하지 않았고 대원들은 배 안에서 가장 덜 추운 곳인 창고에 모인 채 구조를 기다렸지요. 그러나 배가 얼음에 부딪혀 부서지면서 대원들은 작은 2개의 구명정을 타고 주변의 섬으로 옮겨야 하는 상황이 되었어요. 섀클턴은 모든 대원에게 각자 소지품을 1kg으로 줄이라고 하고는 자신이 먼저 금화와 시계, 여행 가방을 얼음에 던져 버렸지요. 그러고는 "우리는 하나다. 살아도 같이 살고 죽어도 같이 죽는다."라며 대원들을 격려했어요. 대원들은 불필요한

어니스트 섀클턴
(Sir. Ernest H. Shackleton, 1874~1922)

물건들을 하나씩 내던지고 모두 구명정에 올라탈 수 있었답니다.

엘리펀트 섬에서 머물던 섀클턴은 얼마 뒤 5명의 대원만 데리고 사우스조지아 섬으로 가서 구조를 요청하기로 했어요. 그동안 다른 대원들은 엘리펀트 섬에 남아 그를 기다렸지요. 대원들은 섀클턴 대장이 꼭 돌아오리라는 믿음으로 물개와 펭귄을 잡아먹으면서 묵묵히 기다렸어요. 하지만 당시 세계는 제1차 세계 대전 중이어서 아무도 이들에게 관심을 가져 주지 않았답니다.

섀클턴은 간신히 배를 구해서 대원들을 구조하러 갔어요. 하지만 두 번이나 기상 악화 때문에 섬 가까이에 배를 댈 수가 없어 돌아와야 했어요. 그리고 세 번째로 찾아가 마침내 전원 구조에 성공했답니다. 엘리펀트 섬을 떠난 지 거의 네 달 만이었지요.

엘리펀트 섬에 머물던 대원들이 단 한 사람의 희생자도 없이 모두 건강하게 겨울을 버틸 수 있었던 것은 그동안 섀클턴이 보여 준 대원들에 대한 사랑과 신뢰 때문이었습니다. 섀클턴은 남극 대륙을 정복하는 것보다 대원들을 무사히 귀환시키는 데 힘썼던 진정한 대장이었어요. 이것이 바로 사람들이 그를 위대한 영웅이라고 부르는 이유입니다.

10

가까운 곳에서부터 소통하기

연주는 친구들과 보육원으로 봉사 활동을 갔어요. 봉사 활동 점수를 따기 위해서였지요.

"어머, 아이들이 너무 예쁘다!"

"정말 귀엽지? 나도 저런 동생 있었으면……."

친구들은 보육원 아이들을 보자마자 안아 주면서 예뻐했어요.

"연주야, 왜 그래? 넌 안 예뻐? 호호, 아이들 웃는 것 좀 봐. 너무 순수하지?"

친구가 이렇게 물었지만 연주는 선뜻 아이들을 안아 주지 못했어요. 집에 있는 막냇동생이 생각났기 때문이지요. 연주는 어린 동생이 있다는 것이 창피해 친구들에게도 비밀로 했어요. 어린 동생에게 방에도 들어오지 못하게 하고 잘 놀아 주지도 않았어요. 고아원에서 막냇동생 또래의 아이들을 보자 동생이 생각나 즐거운 마음이 생기지 않았던 것이지요. 결국 연주는 그날의 봉사 활동을 힘들게 마치고 무거운 마음으로 집으로 돌아올 수밖에 없었답니다.

내 안에 아이를 예뻐하는 마음을 가지고 있어야, 실제로도 아이들을 보고 예뻐할 수 있어요. 내 안에 꽃이 있어야 꽃이 아름답게 보이는 것처럼 말이에요.

어떤 가족이 꽃구경하기 위해 주말에 여의도의 윤중로를 찾았어요. 때마침 벚꽃 철이어서 벚꽃 보러 온 사람들로 윤중로는 꽃 반, 사람 반일 정도였어요.

아이를 유모차에 태우고 나갔던 부부는 북적이는 사람들 틈에서 유모차를 밀고 다니느라 식은땀이 줄줄 흘렀어요. 큰아이는 그날따라 아이스크림을 사 달라며 유난히 떼를 썼고, 아이스크림을 사 줬더니 그마저도 아빠 바지에 다 묻혀 버리고 말았어요. 반이 뚝 떨어져 나간 아이스크림을 내려다보며 아이는 울음을 터트렸어요. 꽃을 보기 위해 나섰던 부부의 기분은 그야말로 엉망이 되어 버렸지요.

겨우 앉을 자리를 찾은 부부는 그제야 숨을 내쉬었어요.

"우리가 여기 왜 와서 이 고생이람."

남편은 투덜거렸어요.

"글쎄 말이에요. 사람이 많아 꽃은 볼 수도 없네요."

아내도 이렇게 말하며 한숨을 내쉬었어요.

집으로 돌아온 부부는 아이들을 재워 둔 후 아파트 마당으로 나갔어요. 아파트에도 벚꽃이 피어 있었어요. 그제야 부부의 눈에 벚꽃이 들어왔지요. 그곳에 핀 벚꽃이 그렇게 예뻐 보일 수가 없었어요. 둘은 손을 꼭 잡고 한참이나 아파트 마당을 걸었습니다.

내 집 앞에 있는 꽃을 보지 못하면, 윤중로의 꽃도 보기 어려운 법이에요. 동생을 아껴 주지 못한 연주가 즐거운 마음으로 봉사 활동을 하지 못한 것처럼요. 소통을 하려면 먼저 가까운 곳에 있는 사람들을 아껴 주고 보듬어야 해요. 멀리 있는 누군가와 소통하려고 하지 말고 가까운 곳에 있는 사람들과 먼저 소통하는 마음을 가져 보세요. 그러면 행복이 생각보다 가까운 곳에 있다는 것을 깨닫게 될 거예요.

가까운 곳에서부터 소통하기

11

바나나 껍질과 알맹이

　민구의 아버지는 공사장에서 일했어요. 그런데 어느 날 높은 건물에서 일하던 중 발을 헛디뎌 그만 떨어지고 말았어요. 아버지는 급히 병원으로 옮겨졌고, 소식을 들은 민구는 엄마와 울먹이면서 병실을 찾았지요. 그런데 민구의 눈에 들어온 것은 아버지의 다친 다리가 아니라 탐스러운 과일이 가득 담긴 과일 바구니였어요. 병문안을 온 누군가가 두고 간 모양이었어요.

　"앗, 바나나다. 아빠, 나 이거 먹어도 돼?"

　아빠는 힘든 얼굴로 고개를 끄덕였어요. 아빠가 건네준 바나나의 맛은 정말 꿀맛 같았어요.

　"에휴, 넌 아빠가 다리를 다쳐 입원했는데도 그저 먹을 것밖에 눈에 안

들어오니?"

 엄마가 타박했지만 민구는 과일 바구니를 보며 아버지가 입원을 해서 그것들을 또 먹을 수 있으면 좋겠다는 철없는 생각을 했답니다.

 어떤 코미디 프로그램에서 주인공이 바나나 껍질을 벗겨 알맹이는 획 던져 버리고 껍질을 우걱우걱 씹어 먹는 장면이 있었어요. 사람들은 코미디언의 어처구니없는 행동에 웃음을 터트렸지요. 그런데 잘 생각해 보면 우리 삶에도 이런 일이 종종 있습니다. 맛과 양분이 있는 알맹이를 버리고, 껍질을 먹는 행동 말이에요.

 "민구야, 오늘 엄마랑 시장 갈까?"

 "바빠요. 친구 만나러 나가야 해요."

 "여보, 오늘 우리 결혼기념일인데 일찍 들어올 거죠?"

 "중요한 회식이 있어."

 "민구야, 고민이 있는데 내 이야기 좀 들어 줄래?"

 "나 지금 컴퓨터 게임 중이거든……."

 우리는 바나나 껍질을 먹는 코미디언처럼 종종 가장 중요한 것을 잊어버리고 겉껍데기만 가지려고 해요. 여러분이 열심히 공부하고 일하는 목적이 무엇인가요? 성공하기 위해서, 행복해지기 위해서예요. 그런데 소중한 사람들과의 관계가 좋지 않은데 정말 성공하고 행복할 수 있을까요? 설사 지금 행복하다고 하더라도 그 행복은 오래가지 못할 거예요. 우리는 소중한 가족과 친구와 시간을 갖는 것보다는 컴퓨터 게임과 스마트

폰에 몰두하고, 중요하지 않은 잡담으로 시간을 보내고, 보고 나면 금방 잊어버리는 예능 프로그램이나 숏폼 콘텐츠를 보느라 아까운 시간을 버립니다. 하지만 이런 것들은 아무리 먹음직스러워 보여도 언젠가 버려야 할 껍질일 뿐이에요. 여러분 인생에서 어떤 게 껍질인지, 진짜 달콤하고 알찬 알맹이가 무엇인지 잘 생각해 보세요.

> 지금 손에 잔뜩 쥐고 있는 것이 바나나 껍질이라면 이제 그것들을 슬며시 내려놓아 보세요. 그리고 그 손에, 우리를 간절히 기다리고 있을 사랑하는 가족, 무엇보다 소중한 건강, 우리의 꿈 등 진정한 알맹이를 담아 보세요. 분명 여러분의 바나나에서는 세상에서 가장 진하고 향기로운 꿀맛이 날 거예요.

바나나 껍질과 알맹이

12
삶에도 브레이크가 필요하다

베트남의 승려이자 평화 운동가였던 틱낫한 스님은 '살아 있는 부처'라 불릴 정도로 높은 수행을 한 사람이에요. 틱낫한 스님은 글솜씨가 뛰어나서 여러 권의 산문집과 시집을 썼지요. 틱낫한 스님의 이야기는 쉽고 명쾌해서 언제나 현대인의 눈높이에 맞는 편안한 말로 깨달음을 준답니다. 그런데 스님의 취미는 의외로 '상추 가꾸기'라고 해요.

스님은 상추 키우는 것과 우리 삶을 비교해서 이렇게 말하기도 했어요.

"우리가 상추를 키울 때, 상추가 잘 자라지 않는다고 해서 상추를 탓하진 않습니다. 잘 자라지 않는 원인을 찾습니다. 비료가 부족한지, 물이 부족한지, 볕이 너무 강한지를 살펴보되 상추를 탓하지는 않습니다. 그런데 우리는 친구나 가족과의 관계에 문제가 생기면 항상 남을 탓합니다. 우리가 그들을 대하는 방법을 제대로 안다면, 그들은 상추처럼 잘 자라날 것입니다. 탓하는 일은 아무런 긍정적 효과가 없습니다. 이론이나 논쟁으로 설득하려는 것도 그렇습니다. 내 경험으론 그렇습니다. 탓하는 것, 이론으로 따지는 것, 논쟁하는 것은 효과가 없습니다. 단지 이해하는 것만이 효과가 있습니다."

어느 날, 스님을 찾아온 한 사람이 상추를 가꾸고 있는 스님에게 말했어요.

"스님, 귀한 시간에 상추 기르기에 신경 쓰지 마시고 글을 쓰시는 게 어떠십니까? 상추는 누구나 기를 수 있지만 글은 아무나 쓸 수 있는 게 아니지 않습니까?"

그 사람의 눈에는 글을 써도 모자랄 판에 상추를 가꾸며 시간을 보내고 있는 스님이 안타까웠던 것이지요. 그러자 스님은 이렇게 대답했어요.

"저는 말입니다, 상추를 기르지 않으면 시를 쓰지 못하겠더군요."

많은 사람이 주위도 살피지 못하고 오로지 앞만 보고 달리기 바쁜데, 스님은 상추를 가꿈으로써 여유를 갖고 주변을 돌아보며 더욱 따뜻한 글을 쓸 수 있었던 것이지요. 틱낫한 스님에게 있어서 상추 가꾸기는 삶의 브레이크와 같은 거예요.

산에 처음 오르는 사람은 빨리 정상에 오르려고 뛰어가기도 하고 지름길을 찾기도 합니다. 그러나 그렇게 서두른다고 해서 빨리 정상에 오를 수 있는 건 아니에요. 뛰어가다 보면 힘에 부쳐 도중에 낙오되기 쉽고 지름길을 가다가 길을 잃을 수도 있습니다. 이처럼 삶에도 속도를 줄여 주는 브레이크가 필요합니다.

> 최종 목적지에 도달해야만 기쁨을 느끼는 사람들이 종종 있어요. 하지만 목적지에 가기 위해 가속 페달만 밟다 보면 그 과정에서의 소중한 것들은 잃어버리고 말지요. 그런 사람들은 자신이 바라던 목적지에 도달하기도 힘들어요. 도착하기 전에 지치거나, 도착해도 행복하지 않은 경우가 생기니까요. 목적지를 향해 무조건 앞으로 내달리기보다는 간혹 브레이크를 밟으며 속도를 줄이는 것도 필요합니다. 계절이 오고 가는 것도 느끼고, 길가에 피어 있는 꽃의 아름다움도 느끼다 보면 목표를 향해 가는 힘든 마음도 줄어들지요. 그래서 때로는 삶에서 가속 페달보다 브레이크가 더 필요한 거랍니다.

삶에도 브레이크가 필요하다

13

놀라운 선물

　세상에서 가장 큰 소리는 무엇일까요? 바로 지구가 돌아가는 소리라고 합니다. 하지만 우리는 지구가 돌아가는 소리를 들어 본 적이 없어요. 우리의 귀는 너무 작은 소리도 못 듣지만, 너무 큰 소리도 듣지 못합니다. 결국 우리는 우리 귀로 들을 수 있는 소리만 소리의 모든 것이라 생각하지요.

　어쩌면 우리의 마음도 우리의 귀와 같을지 몰라요. 너무 작은 것, 그리고 너무 큰 것에는 감사할 줄 모르니 말이에요. 지금 이 순간 우리의 몸과 마음이 건강하고, 나를 사랑해 주는 가족이 곁에 있고, 아침에 눈을 뜨면 또다시 해야 할 일이 있는 것에 감사하는 사람이 얼마나 될까요? 그것이 얼마나 크게 감사해야 할 일인지, 우리는 그것들을 잃고 나서야 겨우 깨닫곤 한답니다.

어느 날 절을 방문해 주지 스님과 점심 공양을 하게 되었어요. 밥상에 올라온 것은 그저 몇 가지의 나물과 김치뿐이었지요. 매우 단출한 반찬의 가짓수에 놀라고 있는데, 주지 스님이 수저를 들기 전에 두 손을 가지런히 모으고 기도를 했어요.

"지금 여기 식탁에 차려진 나물에는 저 멀리에서 온 태양의 빛과 땅의 기운과 농부의 수고와 이것을 유통해 준 사람들의 애씀, 그리고 주방에서 이 음식을 먹을 수 있도록 수고해 주신 분들의 정성이 들어가 있습니다. 이 놀라운 선물을 먹고 마실 때마다 늘 깨어 있는 마음으로 살아갈 수 있도록 도와주시옵소서."

소박한 밥상을 앞에 둔 스님의 기도 구절이 정말 아름다웠어요. 나물 한 가지에도 수많은 '감사함'이 있고, 그것들이 우리에게 주어진 것은 분명 '놀라운 선물'임을 깨닫는 순간이었지요. 그제야 소박한 밥상이 한없이 귀해 보였답니다.

나물은 저렴한 반찬 중에 하나예요. 싸고 흔하다는 이유로 감사함을 적게 느낄 수도 있어요. 하지만 나물이 우리 식탁에 오르기까지 태양과 물, 바람과 흙, 그리고 사람들의 수고가 얼마나 담겨 있는지 깨닫는다면 경이로울 정도의 감사함이 느껴지지요. 스님의 말씀처럼 '놀라운 선물'인 거예요. 그런데 과연 우리 중 몇 사람이나 그것이 놀라운 선물인 줄 알고 있을까요?

열심히 공부했는데 시험 결과가 좋지 않을 때가 있어요. 그리고 오래 준비한 발표가 만족스럽지 않게 끝나 버리기도 하지요. 그런데 늘 시험을 잘 치르는 친구나 무대 체질을 타고난 친구들을 보며 "왜 세상은 이리도 불공평할까?", "신은 왜 나만 미워하는 걸까?" 하며 불평을 터트릴 때기 있을 거예요. 하지만 그것은 자신에게 주어진 특별한 재능은 보지 못하는 거예요. 세상은 공평하고, 모든 사람에게 재능이라는 놀라운 선물을 주고 있으니까요.

> 우리를 위해 지구가 돌아가고 있고, 우리를 위해 태양이 빛나고, 우리를 위해 모든 사람들이 수고를 아끼지 않고 채소를 가꾼다고 생각해 보세요. 마음의 눈을 열고 본다면 놀라운 선물을 발견하는 것은 그리 어렵지 않아요. 가족이 있고, 맛있는 음식이 있고, 친구도 있고, 학교에도 다니고 있잖아요. 설령 그중 부족한 것이 있다 하더라도 부족한 것보다는 가진 것이 더 많을 거예요. 우리는 우리를 위한 이 놀라운 선물을 잊지 않고 감사하면 된답니다.

놀라운 선물

14

흔들리지 않고 피는 꽃은 없다

민구는 성적도 뛰어나고 운동도 잘하고, 노래 실력도 좋아서 학급 반장을 도맡아 하곤 했어요. 그런데 민구의 집은 가난했어요. 몇 년 전 아빠가 하던 공장이 문을 닫으면서 이사를 해야 했고, 지금은 낡고 좁은 집에서 힘들게 살고 있지요. 하지만 민구는 학교에서 절대 그런 내색을 하지 않았어요. 예전처럼 똑똑하고 당당하게 지냈어요.

그런데 어느 일요일, 도서관에 가려고 나오다가 집 앞에서 같은 반 석희를 만나고 말았어요.

"어머? 여기가 너희 집이니?"

석희는 눈을 동그랗게 뜨고는 민구가 나온 집을 이리저리 둘러보았어요. 그런 석희 앞에서 민구는 당황해 한 마디도 할 수 없었어요. 다음 날 학교에 가니 석희가 이미 반 친구들에게 민구의 상황을 말해 버린 뒤였어요.

"글쎄 말이야, 내가 어제 교회에서 봉사 활동을 갔는데 그 동네에 민구가 살더라고."

"에이, 잘못 보았겠지. 민구네 집은 저쪽 아파트 아니었어?"

아이들은 무슨 대단한 비밀이라도 발견한 듯 웅성거리며 석희의 주변으로 몰려들었어요.

"목사님에게 들었는데 민구네가 작년에 이사 왔대. 아버지 사업이 망했다나? 아무튼 나를 보고 깜짝 놀라는 게 확실한 것 같아."

"어머, 안됐다……."

여자아이들은 불쌍한 표정을 지었어요. 마침 그때 교실로 들어오던 민구는 한눈에 사태를 파악했어요. 친구들이 자신의 처지를 알게 되었다는 사실에 너무 창피하고 화가 나서 교실로 들어갈 수가 없었어요. 그래서 운동장 벤치에 앉아 씩씩거렸어요.

"석희 녀석, 잘 알지도 못하면서 남의 이야기를 함부로 떠들어 대다니! 석희는 정말 나빠!"

어느새 민구의 눈에 눈물이 그렁그렁해졌어요.

그때였어요. 지민이가 다가왔어요. 지민이는 들썩이는 민구의 어깨에 손을 올려놓더니 이렇게 말했어요.

"민구야, 너무 힘들어하지 마. 지금은 많이 나아졌지만 우리 집도 오랫동안 어렵게 살았어. 그리고 가난한 게 뭐 어때서. 넌 노래도 잘하고 공부도 잘하고 운동도 잘하잖아. 너희 집이 가난해졌다고 해서 달라질 건 하나도 없어. 그냥 그 상황을 인정하면 되는 거야. 네가 가난한 집 아이라고 해서 내가 널 생각하는 마음은 달라지지 않거든."

가만히 지민이의 이야기를 듣던 민구는 그제야 고개를 들어 살포시 웃음을 지었답니다.

> 바람에 흔들리지 않고 피는 꽃은 없어요. 바람에 흔들리다 때가 되면 지고, 그래야 비로소 열매가 맺힌답니다. 열매 안에는 씨앗이 있고, 씨앗은 바람을 통해 날아가 다시 새로운 꽃을 피우지요. 살아가면서 부딪치게 되는 바람은 우리를 좌절시키거나 굴복시키기 위한 것이 아닙니다. 바람을 극복함으로써 더욱 성장하게 하기 위함이지요. 그러니 비바람 같은 어려움이 오더라도 피하거나 숨지 말고 당당하게 맞서세요. 그것을 극복해야 꽃을 피울 수 있으니까요.

흔들리지 않고 피는 꽃은 없다

15

때로는 힘을 빼자

　엘리자베스 퀴블러 로스의 《인생 수업》이라는 책에는 자동차 사고를 당한 한 여성의 경험담이 등장해요. 그 여성은 친구들과의 약속 장소로 가기 위해 고속도로를 달리고 있었어요. 그런데 갑자기 앞차들이 브레이크를 밟으면서 급정거를 하는 것이었어요. 그녀도 브레이크를 밟아 속도를 줄였지요. 그런데 백미러를 보니 뒤를 따라오던 차 한 대가 한눈을 팔았는지 전혀 멈출 기미를 보이지 않고 전속력으로 달려오고 있는 것이었어요.

　이제 부딪친다고 생각하는 순간 여성은 운전대에서 손을 놓고 몸에서 힘을 뺐어요. 아주 짧은 시간이었지만 살아오면서 언제나 강하게 움켜쥐며 살았던 자신의 모습을 되돌아보게 되었고, 죽음의 순간만큼은 평온하게 모든 것을 내려놓고 싶었어요. 그리고 몇 초 후 예상대로 뒤차는 그 여성의 차와 크게 충돌했고, 여성은 의식을 잃고 말았어요. 사이렌 소리가 요란하게 울리고 경찰이 다가왔어요.

"여보세요, 아주머니! 괜찮으세요? 정신 차려 보세요!"

누군가 자신을 부르는 목소리에 눈을 떴어요. 기적이 일어난 거예요. 종잇장처럼 구겨진 차 안에서 여성은 손가락 하나 다치지 않고 멀쩡하게 살아났으니까요.

"정말 기적이에요! 도대체 어떻게 이럴 수가 있죠?"

"흠, 아무래도 사고 순간 온몸의 힘을 뺀 것이 오히려 기적을 일으킨 것 같군요."

담당 경찰관과 주변에 몰려든 사람들은 사고 당시 여성의 행동을 듣고 고개를 갸웃거리며 기적이라고 말했어요.

모두가 기적이라 말하는 이것은 너무나 당연한, 그러나 대다수의 사람들은 깨닫지 못한 삶의 원리 중 하나예요. 에너지와 에너지가 충돌하면 결국 휘거나 부러져 버리는 것이 보통이지만, 한쪽에서 에너지를 내려놓으면 부딪치지 않는답니다. 폭풍우가 왔을 때 큰 나무는 비바람에 쓰러지지만 갈대는 부러지지 않는 것과 같은 원리예요.

텔레비전의 토크쇼나 버라이어티 프로그램을 보면 종종 출연자들끼리 힘겨루기 하는 것을 볼 수 있어요. 하지만 인정받고 오래 사랑받는 사회자들을 보면 자신을 드러내기보다는 상대방을 띄워 주려는 행동을 많이 해요. 언제 말을 해야 할지를 알고, 언제 침묵해야 할지도 알고 있지요. 그들은 부드러움이야말로 가장 강하다는 것을 알고 있답니다.

> 흔히 우리들은 엄하고 강력한 힘을 가진 사람이 리더의 자격이 있다고 생각하기 쉬워요. 물론 그런 경우도 있지만 대부분의 경우에는 따스한 마음씨와 부드러움이 사람들을 이끄는 데 더 큰 힘을 발휘한답니다. 학교에서도 무서운 선생님보다는 학생들의 이야기를 잘 들어 주고 격려해 주는 선생님을 학생들이 더 잘 따르게 되잖아요.
> 남학생들 중에 좋아하는 여자 친구한테 오히려 거칠게 대하고 괴롭히는 경우가 있어요. 그렇게 되면 그 친구와 가까워질 수 없어요. 만약 친구가 되고 싶은 사람이 있다면 그 사람이 잘하는 점을 눈여겨봐 두었다가 칭찬을 자주 건네 보세요. 그 친구와는 곧 마음을 나누는 사이가 될 수 있을 겁니다.

때로는 힘을 빼자

16

자신을 소중하게 여기자

"아이고, 우리 딸 예뻐라."

"아유, 잘생긴 우리 아들."

지하철 안에서 한 아주머니가 양쪽에 아들과 딸을 앉혀 두고 이렇게 말했어요. 그러자 주위 사람들이 아이들을 슬쩍슬쩍 훔쳐보았어요. 도대체 얼마나 예쁘기에 그럴까 싶었지요. 그러다가 사람들은 미소를 지었어요. 아이들은 결코 예쁘다고 할 수 있는 얼굴이 아니었지만, 엄마의 사랑을 받아서인지 얼굴 가득 자신감으로 빛나고 있었어요. 많은 어린이들이 부모님으로부터 이러한 칭찬을 들으면서 정말 예쁜 사람이 되어 가고 있지요.

사실 못생긴 사람이건 예쁘게 생긴 사람이건 모든 사람은 존귀합니다.

인형 같은 외모가 아니라도, 천재나 영재 소리를 듣지 않더라도, 가진 돈이 적더라도, 몸이 아픈 사람이라도 모두 그 자체로 충분히 귀하고 소중한 존재입니다.

제2차 세계 대전 때 나치는 수많은 유대인을 포로수용소에 가두고 생체 실험을 하고, 가스실에 몰아넣어 죽이기도 했지요. 하지만 그 일들을 처리하는 병사들이 처음부터 나치의 명령을 잘 따랐던 것은 아니에요. 나치는 병사들의 죄책감을 줄이기 위해 포로수용소 안에 있던 화장실을 모두 없애 버렸어요. 그러다 보니 포로수용소 안은 여기저기 오물이 쌓였고 냄새가 나고 벌레들이 우글거렸지요.

"저런 곳에 사는 사람은 사람이라 할 수 없어."

병사들은 이렇게 생각하게 되었고 죄책감 없이 유대인들을 때리고, 모질게 대하게 되었어요. 깨끗한 사람보다는 지저분한 사람을 모질게 대하는 것이 병사들에게 한결 수월했기 때문이지요.

하지만 그 와중에도 일부 유대인들은 자신을 소중히 여기는 마음을 잃지 않았어요. 마실 물도 부족했지만 반 컵의 물이라도 자신의 얼굴을 씻는 데 사용하는 사람들이 있었어요.

"이보게, 그 정도의 양으로는 얼굴이 제대로 씻길 리도 없는데 뭘 그리 애쓰나? 어차피 얼굴을 씻는다고 해도 우리는 결국 죽을 목숨이야."

"물론 그렇지. 하지만 여기서 내가 나를 소중히 여겨 주지 않는다면 누가 나를 소중히 생각해 주겠소?"

그들은 스스로의 존엄성을 지키기 위해 얼굴을 닦은 거예요.

전쟁이 끝난 후의 통계에 따르면 수용소에서 얼굴을 씻었던 유대인들이 그렇지 않았던 유대인들보다 끝까지 살아남은 비율이 높았다고 해요.

> 어려운 일을 겪거나 힘든 일을 마주하면 자신이 먼저 자기 자신을 포기해 버리는 경우가 많습니다. "내가 해 봐야 얼마나 하겠어.", "에이, 해 봐도 안 될 텐데, 뭐." 하고는 미리 제풀에 포기하기도 하지요. 이것은 매우 어리석은 행동입니다. 다른 사람이 자신을 몰라주거나 하찮게 여긴다 하더라도, 자기 자신만은 스스로를 격려하고 믿고 존중해 주어야 합니다. 다른 사람과 비교하여 우월감을 느끼라는 말은 아니에요. 스스로를 인정하고 사랑하는 마음이 있어야 한다는 말입니다. 내가 나를 소중히 여길 때 비로소 남도 나를 소중히 생각해 주는 법이니까요.

자신을 소중하게 여기자

17

추억은 힘이 세다

유명한 10명의 요리사에게 누군가가 물었어요.

"세상의 많은 음식 중 당신이 죽기 전에 마지막으로 먹고 싶은 음식은 무엇입니까?"

요리사들은 곰곰이 생각에 잠겼어요. 세상의 온갖 맛있고 비싼 요리를 다 먹어 본 요리사들에게는 선뜻 대답하기 힘든 질문이었지요. 한참을 생각하던 요리사들이 이윽고 입을 열었어요. 대답은 매우 뜻밖이었답니다.

그들 중 단 두 사람만이 세계 3대 진미로 손꼽히는 철갑상어 알인 캐비어와 송로버섯이라고 대답했고, 다른 요리사들은 모두 떡볶이, 김밥, 감자튀김 등 너무나 흔한 음식을 이야기했어요. 요리사들은 왜 세계적으로 귀한 음식들을 마다하고 이렇게 흔한 음식을 이야기했을까요?

"떡볶이는 어린 시절에 엄마가 만들어 준 음식이에요. 겨울철에 밖에서 신나게 뛰놀다 집으로 돌아오면 엄마가 만들어 준 떡볶이를 맛있게 먹곤 했죠."

"전 김밥이 생각나요. 엄마가 김밥 장사를 했는데 매일 저녁 팔고 남은 김밥으로 저녁을 때웠어요. 그땐 정말 김밥이라면 지긋지긋했는데 지금은 맛있는 음식으로 김밥이 떠오르네요."

여러 명의 요리사들이 이렇게 어린 시절 추억에 얽힌 음식을 이야기했어요.

감옥을 배경으로 한 미국 드라마에서도 집행을 앞둔 사형수에게 마지막으로 뭘 먹고 싶으냐고 묻는 장면이 나옵니다. 죽음을 앞둔 사람에게 베푸는 마지막 온정에 영화 속 주인공은 그다지 먹고 싶은 게 없다고 대답합니다.

"다시 마지막으로 묻는다. 정말 먹고 싶은 것이 없는가?"

한참을 생각하던 사형수는 그제야 눈물을 글썽이며 대답합니다.

"사랑하는 아들과의 추억이 담긴 블루베리파이가 먹고 싶소."

세계 최고의 요리사이건, 사형 집행을 앞둔 사형수이건 그들에게 최고의 음식은 바로 추억인 셈이에요. 사람들은 이렇게 소박하고 다른 사람이 보기에는 보잘것없을 것 같은 음식을 그리워합니다. 어릴 적 엄마가 해 준 음식도 있고, 형제들과 나눠 먹었던 음식도 있지요. 비록 고춧가루와 간장이 양념의 전부라 해도 과거의 음식을 그리워하는 것은 음식에 담긴 추억을 떠올리기 때문입니다. 우리의 육체를 지탱해 주는 것이 음식이라면, 우리의 정신을 지탱해 주는 것은 사랑하는 사람들과의 따뜻한 경험들이거든요.

추억의 힘을 아는 사람은 계속해서 아름다운 추억을 만들 수 있습니다. 지금 언니, 오빠나 동생들과 지내는 하루하루가 모두 추억으로 쌓인답니다. 친구들과 지낸 것들도 마찬가지고요. 사랑을 나눈 과거의 추억은 살아가면서 온갖 어려움과 역경 속에서도 우리를 지켜 주는 힘이 됩니다. 그래서 추억이 많은 사람은 정말 힘이 세답니다.

추억은 힘이 세다

할머니, 여기 떡볶이 한 접시요.

돈 많은 사장님 같으신데 떡볶이는 왜?

하하, 추억을 먹는 겁니다.

추억이 먹는 거예요?

그럼 우리도 주세요.

하하

가난하던 어린 시절, 집에 돌아오면 어머니는 맛있는 떡볶이를 해 주곤 했죠. 어머니가 그리울 때면 떡볶이를 먹습니다.

많이 먹어~

오물 오물

어머니가 해 주신 것만큼은 못 해도 맛이 나나요?

네~ 맛있습니다. 떡볶이에서 고추장 맛이 아니라 어머니 향기가 나네요….

많이 맵나 봐~
물 마시지!

18

창조적인 질문하기

우리나라에는 노벨상을 탄 사람이 두 명 있어요. 2000년 김대중 대통령이 노벨평화상을 수상했고, 2024년 한강 작가가 노벨문학상을 수상했답니다. 하지만 아쉽게도 그 외 물리학, 화학, 생리·의학, 경제학 등 네 분야에서는 아직까지 한 번도 노벨상 수상자가 나오지 않았어요.

노벨상을 가장 많이 수상한 민족은 유대인이라고 해요. 전체 노벨상의 22%, 노벨경제학상의 40%를 유대인이 휩쓸고 있지요. 82억 세계 인구 중 유대인은 1,500만 명 정도인데, 이 숫자는 우리나라 인구의 3분의 1 정도밖에 되지 않아요. 그런데 어떻게 이렇게 많은 노벨상을 탈 수 있었던 걸까요? 게다가 이들은 세계 여러 나라, 여러 분야에서 학문 연구를 주도하고 있고, 경제적으로도 큰 영향력을 가지고 있지요.

예전에 한 유대인 예일대 교수에게 물은 적이 있어요.

"한국은 언제쯤 노벨상을 탈 수 있을까요?"

"한국인들은 앞으로 50년 안에는 노벨상을 받기 힘들 겁니다."

"그 이유가 뭔가요?"

"한국 사람들은 창의적이고 창조적인 생각을 잘 하지 못해요. 머리는 좋지만 창의와 창조가 핵심인 노벨상을 기대하기는 어려울 거예요."

우리나라 사람이라면 이 말을 듣고 기분이 좋을 리는 없지요. 그런데 그의 이야기를 곰곰이 생각해 볼 필요가 있습니다.

유대인 중에 이지도어 아이작 라비라는 물리학자가 있어요. 그는 원자시계의 개념을 최초로 발견한 사람으로 1944년 노벨물리학상을 탔지요. 요즘 우리가 편리하게 이용하는 자동차 내비게이션도 바로 이 사람이 발견한 원리를 적용한 것이랍니다. 그가 최초로 원자핵의 자기 공명 기술을 개발해 냈을 때 기자들이 앞다투어 그 비결을 물었어요.

"대단합니다. 어떻게 그런 생각을 해냈나요?"

그러자 그가 대답했지요.

"내가 어렸을 때 학교에서 돌아오면 어머니는 늘 '얘야, 오늘 공부 시간에는 선생님에게 무슨 질문을 했니?' 하고 물으셨지요. 이것이 바로 오늘의 나를 있게 한 비결이랍니다."

질문하고 토론하는 것이 습관화되면 생각을 열어 제 속의 것을 밖으로 이끌어 내기가 쉬워요. 이러한 자율적 사고와 창의력이 결합하여 창조적인 무언가가 탄생하는 것이지요. 그저 주어진 숙제를 열심히 하고 시키는 일만 하면 노벨상은 물론이고 창의적인 인재가 되기 힘들답니다.

한 가지 질문만이 아닌 생각의 폭을 넓혀 주는 다양한 질문을 연구해 보세요. 질문 거리를 잘 만들면 어려운 공부도 재미있어진답니다.

> 여러분은 다른 사람에게 어떻게 질문하나요? 친구 사이나 가족 사이에서도 될 수 있는 한 서로 창조적인 질문을 하는 것이 좋답니다. 어제 읽었던 책 이야기도 좋고, 계절에 따른 나뭇잎 색깔 이야기도 재미있겠네요. 선생님에게는 또 어떤 질문을 하면 좋을까요? 여러분도 오늘부터라도 연습해 보세요. 질문할 줄 아는 사람만이 스스로 탐구할 줄 알고, 남과 다른 무언가를 만들어 낼 수 있답니다.

창조적인 질문하기

역사 속 소통의 달인들 2

화합의 정치를 펼친 대통령

링컨은 미국의 제16대 대통령이에요. 우리에게 미국의 노예제를 폐지한 대통령으로 잘 알려져 있지요. 링컨은 어렸을 때 그의 어머니가 읽어 주는 《성서》를 통해 평화가 가치 있는 싸움보다 더 중요하다는 걸 배웠어요. 목수인 아버지는 말을 재미있게 하는 이야기꾼이어서, 아버지를 통해 연설의 기술을 배웠지요. 젊은 시절에는 우체국 국장, 변호사, 뱃사공, 가게 점원, 토지 측량 등 다양한 일에 종사하면서 경험을 쌓았어요. 또한 힘든 환경에서도 책을 손에서 놓지 않는 독서광이었지요. 링컨의 연설에는 어렸을 때 읽었던 책 속에서 얻은 내용이 많았답니다.

링컨은 법학을 전공해 1836년 법률 시험에 합격했고, 이후 변호사 일을 시작했어요. 그리고 1846년 처음으로 연방의회 하원의원이 되었어요. 1858년에는 연방의회 상원의원 선거에 출마했는데, 이때 링컨은 '분열된 집은 살아남을 수 없다'는 연설로 노예 제도로 대립하던 미국인들의 단결을 호소하였습니다. 결과는 상대 후보인 스티븐 더글러스 상원의원에게 졌지만, 링컨은 더글러스와의 논쟁 때 노예 제도를 '악의 제도'라고 비판한 것으로 유명해졌어요.

2년 후 그는 공화당의 대통령 후보로 지명되었고, 1861년에 드디

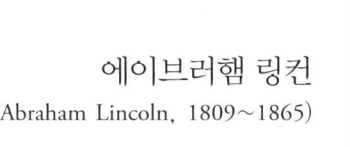

에이브러햄 링컨
(Abraham Lincoln, 1809~1865)

어 대통령에 당선되었어요. 그러자 남부에서는 '노예 반대론자'가 대통령이 된 것에 대해 불만을 터뜨렸고, 링컨 자신도 예상하지 못한 남북 전쟁이 일어나고 말았습니다. 노예 해방 문제로 시작된 남북의 극한 대립 속에서 링컨은 전쟁을 이끌어야 했어요. 그러다 보니 미국 남부와 북부 모두에게 환영받지 못했지요. 링컨은 이러한 국가적 분열을 해결하기 위해 온 힘을 다해 화합의 정치를 펼쳤어요. 인종 간, 계급 간, 종교 간에 소통하려고 노력했어요. 덕분에 링컨은 남북 전쟁이 한창이던 1864년 11월에 다시 대통령에 당선되었고, 1865년, 남북 전쟁은 노예 제도 폐지 편이었던 북부의 승리로 끝이 났지요.

미국은 다양한 인종과 신분, 종교가 함께 공존하는 나라였기 때문에 인종 간에도, 계급 간에도 갈등이 많았어요. 링컨은 그런 갈등이 가장 심했던 시절에 대통령이 되어 소통의 힘으로 화합의 정치를 펼쳤답니다.

19

마음의 힘

　심하게 넘어져도 멀쩡한 사람이 있고, 조금 삐끗했는데도 뼈가 부러지는 사람이 있어요. 뼈가 약한 사람이라면 조금만 넘어져도 크게 다치겠지요? 하지만 뼈가 튼튼한 사람은 여간해서는 잘 부러지지 않을뿐더러, 부러진다 해도 깔끔하게 한 방향으로 부러져 다시 잘 붙지요.
　그런데 골밀도가 약한 사람이 잘 부러지는 것처럼 마음의 밀도가 약한 사람도 잘 부러진답니다. 마음의 밀도가 약한 사람은 쉽게 회복되지도 않고, 회복되더라도 원래의 마음에서 훨씬 굽은 모양으로 세상을 바라보게 되지요. 하지만 튼튼한 마음을 가진 사람은 상처를 받더라도 의연하게 대처할 수 있어요.
　캐나다의 제20대 총리를 지낸 장 크레티앵은 스물아홉 젊은 나이에 하원의원이 되었어요. 그 후로도 장관직을 열 번 역임했고, 퇴임하기까지 총리직을 세 번이나 하면서 국민들의 지지를 받았어요. 하지만 그도 세상의 잣대로 보면 못난 구석이 많은 사람이었어요. 가난한 집의 열여덟 번째 자식으로 태어난 데다 청각 장애로 한쪽 귀가 멀었고, 안면 근육 마비로 발음도 어눌했으니까요.

어린 시절 그는 일그러진 얼굴과 어눌한 발음 때문에 친구들에게 놀림을 받기 일쑤였고, 어른이 된 이후 정치인으로도 크고 작은 어려움을 겪어야 했어요. 하지만 그는 결코 자신의 상처를 숨기거나 부끄러워하지 않았지요. 그저 담담히 받아들이고, 더욱 겸허한 자세로 사람들을 대했어요.

총리가 되기 위해 선거 유세를 할 때도 그는 자신의 상처를 당당히 드러냈어요.

"여러분, 저는 언어 장애를 가지고 있습니다. 그 때문에 오랜 시간 고통을 당하기도 했습니다. 그리고 지금은 제가 가진 언어 장애 때문에 제 생각과 의지를 여러분에게 모두 전하지 못할까 봐 염려스럽습니다. 인내심을 가지고 저의 말에 귀 기울여 주십시오. 저의 어눌한 발음이 아니라 그 속에 담긴 저의 생각과 의지를 들어 주십시오."

그때였어요. 그를 반대하는 정당의 누군가가 군중 속에서 소리쳤지요.

"한 나라를 대표하는 총리에게 언어 장애라니! 당신이 총리가 될 자격이 있습니까?"

그러자 크레티앵은 어눌하지만 단호한 목소리로 말했어요.

"저는 말을 잘 못하지만 거짓말은 안 합니다!"

이렇게 솔직하고 당당한 그의 대답은 사람들의 마음을 사로잡았고 총리에 당선될 수 있었습니다.

태어나면서부터 건강한 마음을 가지고 있다면 더없이 좋겠지만, 그렇지 않더라도 그리 염려할 필요는 없어요. 노력만 하면 얼마든지 마음의 힘을 기를 수 있으니까요.

첫 번째 방법은 '사랑'을 많이 먹는 거예요. 뼈의 힘을 기르기 위해 열심히 우유를 마시듯 사랑이 담긴 좋은 말, 격려, 다정한 눈빛을 많이 받은 사람들은 좋지 않은 말을 들어도 의연하게 넘길 수 있어요.

두 번째는 '마음 운동'을 많이 하는 거예요. 골밀도를 높이기 위해 몸의 운동을 하듯, 심밀도를 높이기 위해 마음의 운동을 하는 것이죠. 사랑하는 만큼 표현하고, 좋아한다는 말도 자주 해 보세요. 마음이 더욱 튼튼해져 웬만한 충격에도 흔들리지 않게 될 거예요.

세 번째는 '위로'를 해 주는 거예요. 몸에 상처가 나면 그것이 나을 때까지 약을 바르고 붕대를 감아 주는 것처럼 여러분도 다른 사람 마음의 상처를 따스하게 위로해 주고 여러분에게 난 상처도 드러내서 그때그때 위로받아 보세요.

마음의 힘

20
감사

우리에게는 이미 받은 것들이 참 많아요. 부모님으로부터 받은 것, 친구에게서 받은 것, 선생님에게서 받은 것, 사회로부터 받은 것들이 있어요. 하지만 우리는 받은 것들의 고마움은 금방 잊고, 앞으로 받고 싶은 것들만 생각하곤 하지요.

"아, 더 좋은 스마트폰이 있으면 얼마나 좋을까?"

"친구네 집은 정말 좋던데, 방도 아주 넓고. 난 언제 그런 방에서 살아 보나."

"아, 봄인데 입을 옷이 없네."

이렇게 불평불만을 터트리면서도 막상 가지고 있는 것에는 감사해하지 않아요.

어떤 사람이 신부님을 만나러 성당으로 찾아갔어요. 평소에 불만이 많던 그 사람은 되는 일이 하나도 없다며 신부님에게 하소연하려고 했어요.

마침 저녁 식사 시간이어서 두 사람은 식탁에 마주 앉았지요.

식탁에 앉은 신부님은 식사 전 감사의 기도를 했어요.

"하느님, 오늘도 이렇게 식사를 할 수 있게……."

'별로 먹을 것도 없는데 감사 기도까지 드려야 하나?'

그는 투덜거렸어요. 게다가 배도 몹시 고팠어요. 하지만 할 수 없이 신부님과 같이 기도를 했지요. 그리고 서둘러 식사를 마쳤어요. 그가 신부님의 식사가 끝나기를 기다리고 앉아 있는데, 신부님은 천천히 식사를 마친 후 다시 감사 기도를 드리는 것이었어요. 식사가 만들어지기까지 힘쓴 모든 분들과 하느님에 대한 감사였어요. 신부님의 정성스런 감사 기도를 듣고 있으니 어느새 감사의 마음이 생기기 시작했어요.

'아, 한 끼의 식사가 정말 소중한 것이구나.'

그제야 남자는 성숙한 기도가 무엇인지 깨달았어요. 그리고 자신이 얼마나 허황된 것을 바라고 있었는지도 알게 되었어요.

먹고 마시고 입고 머물고 행하는 모든 것들에 일일이 감사의 기도를 하기란 쉬운 일이 아니에요. 하지만 분명 그것은 감사해야 할 일이랍니다. 지금 감사할 줄 모르는 사람은 나중이 되어도 감사한 마음을 갖기 어려워요. 지금 충분히 좋고 지금 충분히 감사한 사람만이 더 좋고 더 감사할 일이 생기는 법이랍니다. 감사해하는 사람에게 도와주고 싶고 나누고 싶고 함께하고 싶은 마음이 더욱 생기는 건 당연하니까요.

"엄마, 저를 위해 오늘도 맛있는 아침밥을 차려 주셔서 감사합니다."
"언제나 깨끗이 옷을 세탁해 주셔서 감사합니다."
"아빠, 저희를 위해 놀이공원에 함께 와 주셔서 감사합니다."
지금부터라도 하루에 한 가지씩 부모님에게 감사의 말씀을 전해 보세요. 감사는 마음속으로만 느끼는 것보다 직접 표현하는 것이 좋답니다. 오늘 감사하면 내일은 더 감사할 일이 생기는 걸 알 수 있을 거예요. 감사는 마치 자석과도 같거든요.

 # 감사

21

인간관계 5가지 황금 법칙

　사람들은 언제 행복하다고 느낄까요? 돈이 많을 때? 맛있는 것을 먹을 때? 아니면 누군가를 좋아하게 되었을 때일 수도 있지요. 그런데 무엇보다 사람들이 행복을 느끼는 것은 사람과의 따뜻한 관계에서랍니다. 누군가와 관계가 좋으면 행복을 느끼고 관계가 나쁘면 불행을 느끼기도 하지요. 여러분도 친구와 사이가 좋으면 신나고, 친구와 문제가 생기기라도 하면 하늘이 무너진 것처럼 우울했던 경험이 있을 거예요. 이처럼 사람과의 관계가 어떠냐에 따라 우리는 천국을 경험하기도 하고, 지옥을 경험하기도 해요.

　소영이는 단짝 친구인 주희와 지난주에 옷 문제로 싸운 후 며칠 동안 말도 안 하고 있었어요. 주희가 새 옷을 입고 왔는데, 뚱뚱한 주희에게는 안 어울린다고 말해 버렸거든요.

"너 친구 맞니? 어떻게 대놓고 아픈 데를 찌를 수가 있어? 그냥 옷이 예쁘다고 하면 될 걸. 너랑 친구라는 게 싫다, 싫어."

"뭘 그걸 가지고 화를 내는 거니? 나도 싫어. 이렇게 속 좁은 애가 내 친구라는 게."

"뭐라고?"

화가 난 주희는 자기 자리로 돌아가서는 수업이 다 끝날 때까지 한마디도 하지 않은 채 혼자 집으로 가 버렸어요. 소영이는 좀 미안하긴 했지만 그깟 일로 화를 내는 주희에게 섭섭했어요.

'흥, 관둬. 너 아니면 친구가 없나?'

이렇게 생각했지만, 둘이 워낙 단짝으로 지내다 보니 혼자인 것이 너무 쓸쓸했어요. 점심밥도 혼자 먹었고 집에도 혼자 가려니 마음이 점점 우울해졌어요. 주희는 친구들과 신나게 노는데 혼자만 왕따가 된 것 같았어요. 그러다 보니 집에서도 짜증이 늘어 엄마에게 야단을 맞았어요. 일주일이 지나자 소영이는 학교 가는 게 지옥에 가는 것 같았답니다.

이렇게 소영이처럼 친구 문제로 고민한 적이 있을 거예요. 언제나 친구들과 좋은 관계를 유지할 수 있는 방법은 없을까요? 이에 대해 어떤 목사님이 해결책을 내놓았어요.

"연약함은 도와주고 부족함은 채워 주세요. 허물은 덮어 주고 좋은 것은 말해 주며 뛰어난 것은 인정해 주면 되지요."

바로 이것이 사람들과 관계를 좋게 하는 5가지 황금 법칙이랍니다. 너무 뻔하다고요? 너무 쉽다고요? 생각해 보세요.

우리는 누군가가 연약하면 비웃지요. 또 부족하면 별 볼 일 없다고 생각하고, 혹여 허물이라도 발견하면 신대륙이라도 발견한 것처럼 여기저기 떠들어 대기도 하지요. 좋은 것을 칭찬해 주기보다는 나쁜 것을 더 이야기하고 싶고, 남이 뛰어난 걸 인정하기는 싫어하잖아요.

그렇지 않다고요? 그렇다면 다행이에요. 결국 황금 법칙이란 내가 받고 싶은 대로 남에게 하는 것과 같답니다. 자신이 받고 싶은 대우를 남들에게 똑같이 베푸는 것이지요.

> 100년 전, 외국의 선교사들이 우리나라를 찾았을 때 선교사들은 우리나라 사람들과 가까워지기 위해 상투를 틀고 한복을 입었다고 해요. 우리말로 이름도 짓고, 젓가락 쓰는 법까지 배웠지요. 이것은 바로 소통의 옷을 입은 것이에요.
> 누군가와 소통하고 싶다면, 이러한 자세로 다가가면 됩니다. 내 입장에서, 나만 생각해서는 안 되지요. 여러분도 당장 내가 듣고 싶은 말을 친구에게 말하고, 내가 받고 싶은 대접만큼 남을 대접해 보세요.

인간관계 5가지 황금 법칙

22
멀리서 바라보기

　　내가 아는 사회적으로 존경을 받으며 활발한 활동을 하는 목사님이 있어요. 많은 신도들이 그 목사님을 존경하고, 따랐지요. 그런데 어느 날 신학교에 다니던 그 목사님의 아들이 교내에서 이상한 귀고리를 하고 있는 과거 모습이 언론을 통해 알려지게 되었어요. 남자라고 귀고리를 못 하는 것은 아니지만, 보수적 성향이 짙은 과거 기독교 사회에서 그 일은 큰 문젯거리가 되었지요.

　　"아니, 목사님 아들이 그래도 되는 거야?"
　　"목사님도 자기 아들은 제대로 교육하지 못하는군."
　　목사님은 사람들의 비웃음으로 큰 상처를 받았어요.
　　물론 목사님에게도 아들이 귀를 뚫은 것은 충격이었어요. 당장이라도 아들 방으로 뛰어가서 "사내자식이 귀고리는 무슨 귀고리! 그것도 목사 아들이! 이렇게 아버지 얼굴에 먹칠해도 되는 거야?"라며 귀고리를 떼게 하고 싶었지요. 하지만 목사님은 아들에게 달려가는 대신 책상 앞에 앉아 글을 쓰기 시작했어요.

'내가 목사지 내 아들이 목사인가?'

'내 아들이 목사의 아들로서, 아무 고민 없이 귀고리를 하지는 않았을 것이다.'

'아마도 아들은 참고 참다가, 미루고 미루다가, 망설이고 망설이다가 용기를 내어 귀고리를 했을 것이다.'

한 줄 두 줄 이렇게 떠오르는 생각을 글로 풀어내는 동안 복잡했던 문제들이 하나둘 정리되기 시작했어요. 그러고는 마침내 명쾌한 해답이 나왔지요.

"그래! 아들이 고민하고 망설였던 시간만큼 나도 아들을 기다려 주자."

목사님은 그렇게 몇 달을 기다렸고, 마침내 아들은 귀고리를 뺐어요. 그리고 그 기다림의 시간만큼이나 아들을 더 깊이 이해하고 사랑하게 되었답니다.

비스듬히 보니 고갯마루인 듯 옆으로 보니 봉인 듯

곳곳마다 보는 산 서로 서로 다르구나

여산의 참모습 알 수 없기는

내가 이 산중에 있음이로세

송나라 시인 소동파의 〈여산진면목〉이라는 시예요. 이 시에서처럼 문제를 하나의 방향에서만 바라보면 해결 방법을 찾기 어려워요. 우리는 멀찍이 자신을 세워 두고 객관화시켜 문제를 바라보는 연습이 필요합니다. 문제를 멀리서 바라보기 위해서는 글을 쓰는 것도 좋은 방법이에요.

우리는 하루에도 몇 번씩 화나고 짜증 나는 문제들과 만나게 돼요. 내 마음과 내 마음이 충돌하고, 나와 타인이 충돌하며, 다툼과 미움이 생기기도 하지요. 그것이 옳은지 그른지를 떠나 마음이 편치 않은 것이 사실이에요. 이럴 때, 화내고 짜증을 내기보다는 일단 담담한 마음으로 지금의 상태를 종이에 적어 보는 게 좋아요. 나의 문제, 가족 문제, 학교 문제 등 그것을 종이에 옮겨 적다 보면 문제는 객관화되고, 마침내 깨끗하게 걸러진 '문제' 그 자체만 남아 쉽게 문제를 해결할 수 있답니다.

# 멀리서 바라보기

23

깊은 산속 옹달샘

　숲속에 사는 동물들은 상처를 입으면 아주 깊은 숲으로 들어가서 먹지도 않고, 움직이지도 않고, 그저 가만히 있기만 한답니다. 그렇게 시간이 지나면 대부분 회복이 되지요. 아마 혼자 있으면서 나쁜 기운을 멀리하고, 좋은 기운을 모아 스스로 힘을 키우기 때문일 거예요.

　사람도 마찬가지예요. 바쁘고 힘든 하루를 보내고 집으로 돌아오는 아빠에게는 여러분의 웃음이 보약이고 에너지예요. 그렇다면 여러분은 어디에서 상처를 회복하나요? 친구들과 신나게 노는 운동장일 수도 있고 엄마의 품 안일 수도 있겠네요. 이렇게 사람들은 거칠고 탁한 숨을 고르고 새로운 에너지를 얻는 저마다의 장소가 있답니다. 그것은 굳이 공간이 아니어도 상관없어요. 과거의 아름다운 추억일 수도 있고, 슬며시 어깨에 손만 올려도 힘이 나는 '좋아하는 사람'일 수도 있고, 한적한 시골의 오솔길일 수도 있으니까요. 그것이 무엇이든, 우리의 지친 마음에 휴식을 주고 새로운 에너지를 얻을 수 있는 '깊은 산속 옹달샘'이 있다는 것은 행복한 일이에요.

한 연구에 의하면, 크고 작은 문제를 해결하고 영감을 받는 장소는 대부분 침대나 화장실, 샤워실 등 '단순한 행동을 하는 곳'이라고 해요. 사람들은 이곳에서 몸과 마음을 편안하게 하는 행동을 하지요. 절에서 화장실을 '해우소'라 부르는 것만 보아도 그래요. 해우소란 '근심을 덜어 내는 곳'이라는 뜻이에요. 근심이라는 것은 대부분 일어나지 않은 일을 걱정하는 것인데, 이러한 근심은 긍정적인 염려라기보다 부정적이거나 쓸데없는 것일 때가 많아요. 그래서 혼자만의 공간에서 덧없는 근심들을 덜어 내다 보면, 정말 중요한 것이 무엇이며, 그것들을 위해 우리가 무엇을, 어떻게 해야 할지에 대한 답을 얻을 수 있답니다.

그 답은 크게 '내 안에서 일어나는 것'과 '외부에서 들어오는 것'으로 나눌 수 있어요. 먼저 '내 안에서 일어나는 것'은 내 안의 좋은 것들이 서로 결합되는 것을 의미해요. 사람들은 이미 자기 안에 좋은 것들이 있는데, 그것들을 서로 연결시키지 못하는 경우가 많거든요. 몸이 편안한 상태에서는 내 안의 좋은 것들이 서로 잘 연결되지요. 이때 우리는 답을 얻을 수 있답니다.

'외부에서 들어오는 것'은 다른 사람의 훌륭한 삶을 보거나, 자연의 자극을 통해 새로운 것을 배우고 깨닫는 것이에요. 이러한 외부의 것들이 들어오려면 먼저 내 안을 비워 두어야 해요. 몸이 편안한 상태에서 내 안에 공간을 마련하고 배울 자세를 갖추면 스승은 저절로 나를 찾아오게 마련이랍니다. 스승은 이미 있지만, 내가 배우려고 하지 않으면 스승의 소리를 들을 수 없어요. 똑같은 것을 보아도 깨닫는 이와 깨닫지 못하는 이가 있는 것은 바로 이 때문이지요.

여러분도 에너지를 얻을 수 있는 자신만의 '옹달샘'을 찾아보세요. 좋아하는 음악을 감상하는 시간이라도 좋고, 엄마와의 산책도 좋고, 땀이 나게 운동장을 뛰어도 좋고, 마음 맞는 친구와 수다 떠는 것도 자신만의 옹달샘이 될 수 있지요. 친구들과 서로의 옹달샘에 대해 이야기해 봐도 좋겠네요. 그리고 무엇보다 자기 내면의 목소리에 귀 기울여야 한다는 사실도 잊지 마세요.

 # 깊은 산속 옹달샘

24
아름다운 리액션

　방송을 보다 보면 출연한 사람들의 말에 방청객들이 "아하!", "오!", "하하하!" 하면서 반응하는 것을 볼 수 있어요. 이런 것을 리액션이라고 하지요. 리액션은 말하는 사람의 기운을 돋우고, 나아가 시청자의 공감까지 이끌어 내는 역할을 하지요.
　그런데 방송과는 달리 현실에서는 이런 리액션이 점점 사라져 가고 있답니다.
　"나 요즘 너무 힘들어."
　친구가 어깨가 축 처진 채 이렇게 말하면, "그래? 어떤 점이 힘든지 말해 봐." 하고 귀 기울여 줄 수 있어야 해요.
　"네가 힘들 게 뭐가 있어? 공부도 나보다 잘하고 집도 나보다 부자고,

넌 언제나 배부른 소리만 하더라."

그러면 친구는 입을 꾹 다물고 더 이상 이야기하지 않지요. 사실 친구에게 필요한 것은 위로였거든요.

"많이 힘들지? 열심히 공부하는 네가 늘 대단하다는 생각이 들어. 너니까 그거 해내는 거야. 다른 학생들은 어림도 없어. 포기해도 벌써 포기했지. 안 그래?"

이런 따뜻한 위로 말이에요. 그러면 친구도 내 이야기에 귀 기울여 줄 것이고 서로 이렇게 리액션을 해 주면 힘든 일이 생겨도 서로 힘을 낼 수 있어요.

리액션은 마음을 함께하는 행동이랍니다.

회사에서 일하고 돌아오신 부모님에게 이렇게 이야기한다면 얼마나 좋을까요?

"엄마, 아빠, 힘들지요? 우리 가족을 위해 힘들게 일하시는 부모님에게 저는 언제나 감사해요."

그런데 만약 이렇게 말한다고 생각해 보세요.

"우리 집은 부자가 아니라서 정말 싫어."

그렇다면 부모님은 더욱 기운이 빠지겠지요?

더운 중동 지역에서 낙타는 하루 종일 손님을 태우고 가면서 엄청난 스트레스에 시달린다고 해요. 이러한 낙타를 달래기 위해 낙타를 모는

가이드는 밤이 되면 그날 태운 손님의 두건을 낙타에게 던져 준답니다. 그러면 낙타는 그 두건을 밤새 질근질근 씹어 버리지요. 낮에 자신을 힘들게 했던 손님에 대한 분풀이로요. 그리고 다음 날 아침, 낙타는 언제 그랬냐는 듯 다시 손님을 태우고 간답니다.

가이드가 낙타에게 "그게 원래 네 역할이야!"라며 윽박지르거나, "힘들어도 어쩔 수 없어."라고 달래기만 했더라면 어땠을까요?

어쩌면 냉철하고 객관적인 말이 상대에게 도움이 될 것이라 생각할 수도 있어요. 하지만 마음이 힘든 이들에게는 응원과 위로가 필요합니다. 그들에게 필요한 것은 그들과 마음을 같이하는 아름다운 리액션이니까요.

> 친구들의 말이나 부모님의 말에 대한 재미있는 리액션 하나씩은 준비해 두세요. 코미디언의 말이나 행동을 외워 두었다가 써먹어도 좋아요. 누군가에게 즐거움을 준다는 건 정말 신나는 일이니까요. 웃음이 가득한 집, 웃음이 가득한 학교라면 정말 행복하겠지요?

아름다운 리액션

25

당신은 사랑받기 위해 태어난 사람

진구와 서영이는 같은 반 친구예요.

진구는 공부를 잘하지 못해서 70점을 넘어 본 적이 없어요. 하지만 부반장인 서영이는 90점 아래로 떨어져 본 적이 없답니다.

"진구야, 이번 시험 어땠어?"

중간고사를 마치고 서영이가 걱정스런 표정으로 물었어요.

"나야 늘 그렇지, 뭐. 그래도 이번 시험에는 공부 좀 했는데, 어떨까 모르겠네. 넌 어때?"

언제나처럼 환한 얼굴로 진구가 말했어요.

"난 이번 시험 못 본 거 같아 걱정이야."

"무슨 소리! 그래 놓고서는 또 만점 맞으려고? 안 속아!"

서영이의 걱정스런 말에도 진구는 아랑곳없었어요. 그도 그럴 것이 서영이는 매번 시험 볼 때마다 우수한 성적을 받았고, 그러면서도 매번 못 봤다고 엄살을 부렸거든요.

마침내 시험 성적 발표 날이었어요.

서영이는 88점이, 진구는 80점이 나왔어요.

진구는 모처럼 나온 높은 점수에 기분이 좋았지요. 하지만 집으로 가는 내내 서영이의 얼굴이 어두웠어요.

"휴, 어쩌지? 엄마에게 야단맞겠다."

"이번이 처음인데, 뭘. 분명히 별말씀 안 하실 거야. 너무 걱정 마."

진구가 서영이를 달랬어요.

집에 도착하자마자 서영이의 엄마는 성적표를 달라고 했어요. 서영이가 내민 성적표를 본 엄마의 얼굴은 실망한 표정이었어요.

"미, 미안해, 엄마. 다음부턴 열심히 할게."

하지만 엄마는 서영이의 말을 듣는 둥 마는 둥 하면서 한숨만 푹푹 내쉬었지요. 서영이는 엄마에게 미안하기도 하고, 자기 입장을 몰라주어 섭섭하기도 했어요.

다음 날 서영이 엄마는 서영이의 어깨를 두드려 주면서 말했어요.

"엄마는 네가 최선을 다하지 않은 거 같아 속상했어. 중요한 건 점수가 아니고 최선을 다하는 것이란다. 사랑해, 우리 딸."

엄마의 이야기에 서영이는 눈물을 뚝뚝 흘렸어요. 성적이 안 나와 엄마가 서영이를 미워하는 줄 알았거든요.

그렇다면 진구의 집에서는 어땠을까요?

"아유, 우리 아들! 이번에 정말 잘했구나. 엄마가 저녁에 뭐 해 줄까? 응?"

엄마가 기뻐하자 진구도 덩달아 기분이 좋아졌어요. 그리고 다음부터는 공부를 더 열심히 해서 엄마를 기쁘게 해 드려야겠다고 생각했지요.

'당신은 사랑받기 위해 태어난 사람~'이라고 시작하는 노래가 있어요. 우리 모두는 사랑받을 자격을 가지고 태어난 사람들이랍니다. 공부를 못한다고 해서, 외모가 좀 떨어진다고 해서, 부모님이 안 계시다고 해서 사랑받지 못하는 건 아니에요. 설령 성적이 좋지 않아 부모님에게 야단을 맞는다고 해도 그것은 부모님이 자녀를 사랑하지 않아서가 아니랍니다. 지금 여러분이 어려운 환경에 있다고 해도 절대 이 사실을 잊지 마세요. 여러분은 사랑받기 위해서 이 땅에 태어난 사람이랍니다.

당신은 사랑받기 위해 태어난 사람

26

자존감을 가꿔라

오래전 미국의 한 마을에 천연두가 발생했어요. 백신이 개발되기 전이라 이 돌림병은 마을의 거의 모든 아이들을 죽음으로 몰아갔지요. 다섯 살 소녀 그레이스도 예외가 아니었어요. 얼굴에 열꽃이 피고 고열이 지속되었지요. 그레이스의 어머니는 천연두로 이미 그레이스의 오빠와 동생을 잃고 난 뒤라, 어떻게든 그레이스만은 살려야겠다고 생각했어요. 그래서 엄마는 고열로 생사를 헤매는 그레이스를 낫게 하기 위해 한순간도 곁을 떠나지 않고 간병을 했어요.

다행히 천연두는 나았지만, 그레이스의 얼굴에는 지울 수 없는 흉터들이 남게 되었어요. 천연두를 앓을 때 난 발진 때문에 생긴 흔적이었어요. 그레이스가 학교에 입학하자 짓궂은 남자아이들은 그레이스를 '괴물'이라 놀려 댔고, 그레이스는 마음의 상처를 받았지요.

그날도 그레이스는 펑펑 울면서 집으로 돌아왔어요. 엄마는 눈물로 얼룩진 그레이스의 얼굴에 입을 맞추며 이야기를 시작했어요.

"애야, 네가 얼마나 소중한 아이인지 한번 들어 보렴. 네가 어렸을 적에 천연두라는 큰 병에 걸린 적이 있었단다. 그 병은 네 오빠와 동생의 생명을 빼앗아 갔지. 이웃의 많은 아이들도 죽었단다. 하지만 하느님이 너만은 살려 주셨어."

"왜요?"

그레이스가 눈물을 멈추고 엄마에게 물었어요.

"넌 소중하니까. 그리고 네가 얼마나 소중하고 귀한 아이인지를 기억하라고, 하느님께서는 네 얼굴에 천연두 자국을 남기셨단다. 이건 네가 아주 특별하고 소중하다는 표시야. 그래서 네 이름은 그레이스, 즉 '값을 수 없는 선물'이라는 뜻이기도 하지."

엄마는 그레이스의 얼굴을 어루만지며 말했어요.

"하느님이 너를 소중히 여기는 만큼 너 역시 자신을 소중히 여기고, 다른 이들을 소중히 여기며 살아야 한단다."

엄마의 이야기를 들은 그레이스는 '괴물'에서 '값을 수 없는 선물'이 되었고, 자신을 소중히 여기는 자존감을 갖게 되었어요. 그레이스는 자신을 소중히 여기는 만큼 타인을 소중히 여기라는 엄마의 말을 기억하며 훌륭한 어른으로 성장할 수 있었지요.

하버드대학 로스쿨에 입학한 그레이스는 파티에서 마음에 드는 남학생을 발견하고는 먼저 다가가 말을 걸었어요. 얼굴을 보고 실망한 남학생은 그레이스를 피했지요. 하지만 그녀는 당당하게 웃으며 말했어요.

"너를 이해해. 하지만 내 얼굴에 대해서 이야기할 시간을 주겠니?"

남학생은 대답도 하지 않고 도망치듯 사라졌죠. 얼마 후 그레이스는 다시 그 남학생과 마주치게 되었어요.

"내 얼굴에 대해서 이야기할게."

여전히 밝고 당당하게 이야기하는 그레이스의 모습에 남학생은 결국 그레이스의 이야기를 모두 듣게 되었지요. 이후로 그들은 좋은 만남을 가졌고, 마침내 결혼에까지 이르게 되었답니다. 그 후 남편은 미국 상원의원이 되었고, 그레이스는 하원의원이 되었어요.

"넌 아주 특별하고 소중하다."는 한 마디가 인생을 바꾼 것이죠.

"넌 정말 대단해!" "넌 정말 특별해!" "넌 너무나 소중해!"
사랑, 칭찬, 인정 등의 긍정 에너지는 나를 가꾸는 소중한 자양분이 되지요. 사랑받은 사람은 얼굴에서 빛이 나거든요. 나를 소중히 여기는 말 역시도 그만큼 중요합니다. "난 정말 대단해!" "난 정말 특별해!" "난 너무나 소중해!"

자존감을 가꿔라

27
열등감 탈출!

우리는 모두 조금씩 마음의 때를 가지고 있어요. 이것을 그때그때 벗겨 내지 않으면 그것이 쌓여 병이 돼요. 특히 비밀스런 곳에 있는 묵은때는 마음을 어둡게 하고 세상의 아름다움에서 멀어지게 하지요. 이런 때를 벗겨 내지 않으면 딱딱하게 굳어 버려 자신을 상처 내고, 누군가를 상처 내는 예리한 흉기가 된답니다. 그 대표적인 것이 바로 열등감이랍니다.

"난 왜 이렇게 공부를 못할까? 공부만 잘하면 엄마도 엄청 나를 예뻐하고 학교에서 선생님 사랑도 듬뿍 받을 텐데. 난 역시 안 돼."

"외모도 안 되는데 가수를 하겠다고 하면 친구들이 비웃을 거야."

"아휴, 난 왜 잘하는 게 하나도 없지?"

이런 열등감에 시달리는 어린이들이 많죠? 꼭 공부를 못해서만 열등감을 느끼는 것은 아니랍니다. 최근 발표된 자료에 의하면 우리가 모두 부러워하는 판사들도 자신보다 더 똑똑한 다른 판사들에게 열등감을 갖고 있다고 해요. 이렇게 남부러울 것 없어 보여도 열등감을 가지고 있다니 역시 사람들은 모두 조금씩은 열등감을 가지고 있나 봅니다. 열등감이라도 무조건 나쁜 것은 아니에요. 열등감은 더 발전하기 위한 좋은 계기가 되기도 하니까요.

하지만 심한 열등감은 오히려 자신이 가지고 있는 장점을 못 알아보게 하지요. 또 마음을 굳게 만들고 표정을 어둡게 하기도 해요. 반대로 지나치게 과장하게 만들기도 해요. 아닌 척, 있는 척, 아는 척, 센 척, 아무 문제 없는 척해야 하기 때문이에요. 가난한 가정 형편의 아이가 오히려 비싼 브랜드의 옷을 사려고 하고, 대학을 나오지 않은 사람들이 유난히 영어를 섞어서 말하려고 하는 것처럼요.

이렇게 지나친 열등감은 세상을 바라보는 눈을 어둡게 하기 때문에 '학벌만 좋으면 행복할 것 같다'라는 생각을 만들기도 하고, '돈 많은 사람을 최고'로 여기기도 하지요.

이런 잘못된 생각은 앞으로의 인생에 큰 영향을 미치게 되기 때문에 열등감을 떨쳐 버리기 위한 노력이 꼭 필요하답니다. 열등감을 없애는 방법 중 하나는 '다름'을 인정하는 것이에요. 다른 사람보다 못한 것이 아니고 다르다는 것을 깨달아야 해요. 그리고 자신이 좋아하는 것을 찾아 그 일을 꾸준히 하다 보면 열등감 같은 것은 가질 필요가 없다는 걸 알게 될 거예요. 지금 당장 공부 조금 못하고 안 예쁘고 집이 가난한 것은 긴 인생을 볼 때 아무것도 아니에요. 자신이 좋아하는 일을 열심히 하면 다른 사람들도 인정해 주는 날이 분명히 온답니다.

> 대다수의 사람들은 누군가의 몸매가 훌륭한지 아닌지, 집이 있는지 전세인지, 고등학교 졸업인지 대학 졸업인지에 대해 별로 관심이 없답니다. 관심을 두고 손가락질하는 사람은 오직 한 사람, 나 자신이에요. 그러니 남이 자신을 어떻게 볼 것인지에 대해 지나친 관심을 가지기보다는 자신이 가진 장점을 키우는 게 더 낫지요. 공부를 좀 못하면 어때요? 장기자랑 시간에 멋진 춤 실력으로 무대를 독차지할 수 있다면 그것도 행복한 일이잖아요?

열등감 탈출!

역사 속 소통의 달인들 3

상대방의 입장을 살핀 선비

황희는 고려 말에 태어나 관직에 오른 후 조선 시대의 주요 관직을 두루 맡아, 태조부터 세종에 이르기까지 네 임금의 밑에서 일한 인물이에요. 강직한 그의 성품은 역대 왕들에게서 모두 인정을 받았는데, 가장 화려하게 꽃피운 시기는 세종 때였지요. 그는 18년 동안 영의정 자리에 머물면서 신진 관료들과 의정부 대신들 사이의 균형을 잡아 주어 조선 왕조 최고의 번영을 가져왔고 생활 태도 역시 모범을 보였답니다.

황희의 성격은 잘 알려진 대로 청렴하고 다정다감해서 마치 신선 같다고 추앙을 받았답니다. 그는 공적인 일에는 엄격했으나 사적으로는 매우 따스한 마음을 가진 사람이었어요.

그의 성격을 잘 말해 주는 이야기로 두 종의 다툼을 해결해 준 일화가 있어요. 다투던 종 한 명이 자신은 잘못이 없으며 상대방이 잘못했다고 말하자 그는 "그래, 그래. 네 말이 옳다."라며 다독여 주었어요. 그러자 다른 종도 마찬가지로 변명을 늘어놓았죠. 황희는 그 말을 다 듣고 나서 "그렇다면 네 말도 맞구나."라며 둘을 타일러 보냈어요.

그러자 지켜보고 있던 그의 아내가 "이놈도 옳다, 저놈도 옳다 하

황희
(黃喜, 1363~1452)

시니, 한 나라의 정승이 그리 사리가 분명치 않으면 어떻게 합니까?"라고 말하자 황희는 "맞소, 부인 말도 참으로 맞구려."라고 대꾸했다고 해요. 한 사람이라도 마음을 상하게 하지 않으려고 한 황희의 인품을 엿볼 수 있는 대목이지요.

왕위에 오른 세종이 가장 중요시한 것은 인재를 길러 내는 일이었어요. 그래서 집현전의 역할을 강화해 능력 있는 인재들을 길러 냈지요. 집현전의 가장 중요한 일 중 하나는 경연(經筵)과 서연(書筵)을 담당하는 것이었어요. 경연은 임금에게 유교적 교양을 쌓도록 돕는 것이고 서연은 왕이 될 세자를 교육하는 일이었지요. 바로 이런 집현전을 관리하고 감독할 인물로 황희가 뽑혔어요. 그는 누구의 이야기라도 잘 들을 수 있는 배려심과 감정적으로 싸우거나 예민하지 않은 따스한 성품을 가졌기 때문이랍니다. 황희 덕분에 학자들이 집현전에서 연구에 몰두할 수 있었고 나라는 안정되었지요.

28

그게 뭐 어때서?

    일본 프로야구 사상 최초로 3천 안타 돌파라는 대기록을 세운 인물은 바로 재일 한국인인 장훈 선수예요. 그는 다섯 살 때 후진하는 트럭을 피하다 모닥불에 오른손 화상을 입고서 제대로 치료를 받지 못해 넷째 손가락과 새끼손가락이 붙어 버렸지요. 장훈 선수는 본래 오른손잡이였지만, 이 때문에 중학교 때 야구를 시작하면서 왼손을 사용했어요.

    그는 또 일본인으로 귀화를 거부한 한국인으로 유명하지요. 당시 일본 프로야구는 구단별로 세 명의 외국인 선수를 둘 수 있었고, 이 중 두 명만 시합에 출전할 수 있었지요. 장훈은 대한민국 국적이었으므로, 외국인 선수 제한 규정의 적용을 받아야 했어요. 아무리 실력 있는 선수라고 해도 고교를 갓 졸업한 그가 미국 선수들과 출장 경쟁을 벌이기는 쉽지 않앉지요. 이것은 본인뿐 아니라 구단에도 큰 손실이었어요. 그래서 그가 속해 있던 구단주는 장훈에게 자신의 양자가 되라고 하면서 귀화할 것을 권했지요. 그러나 장훈의 어머니는 단호하게 그 요구를 거절하게 했어요. 결국 구단주는 장훈을 놓칠 수 없었기에 '외국인이라고 해도 일본에서 태어나 자란 선수는 국적을 따지지 않고 외국인 선수 제한 규정을 받지 않는다.'는 조항을 제안해 통과시켰지요.

이후 일본에서 태어난 한국인 야구 선수들은 일본인으로 귀화하지 않고도 일본 프로야구에서 활동할 수 있는 길이 열렸답니다.

귀화를 거부하는 장훈 선수에게 일본 사람들이 "귀화하면 차별도 받지 않고 혜택이 더 많을 텐데 귀화하지 않는 이유가 뭐냐?"라고 물었어요. 그러면 그는 언제나 당당하게 "나는 한국인이다."라고 대답했다고 해요.

그가 어느 날 시합을 하고 있었을 때였어요.

관중석에 가득한 일본 사람들은 장훈 선수가 타석에 서기를 기다렸다가 "조센징 꺼져!"라고 외쳐 댔어요. 조센징은 우리나라 사람을 얕잡아서 부르는 말이었지요. 처음에는 한두 명이었던 그 목소리가 순식간에 관중석 전체에서 울려 댔고, 결국 장훈 선수는 배트를 내려놓고 다시 대기석으로 들어갈 수밖에 없었지요. 그리고 잠시 후, 관중석이 잠잠해지자 장훈 선수는 다시 타석으로 나왔어요. 그리고 이렇게 외쳤지요.

"그래, 나 조센징이다. 그게 뭐 어떻다고!"

그러고는 날아오는 공을 향해 배트를 날렸어요.

"딱!"

그 순간 모두의 입을 떡 벌어지게 하는 장외 홈런이 터졌어요. 자신을 조센징이라고 손가락질하는 그들을 향해 장훈 선수가 통쾌한 한 방을 날린 것이죠. 보란 듯이!

어떤 위로와 격려에도 불구하고 자신을 움츠러들게 만드는 수많은 마음의 묵은때가 있다면 당당하게 소리쳐 보세요. "그래, 나 키가 작다." "우리 아버지 청각 장애인이다." "우리 부모님 가난하다." "머리가 나쁘다." "그게 뭐 어떻다고!"

이렇게 외치며 속 시원한 장외 홈런을 날려 보세요. 마음의 묵은때가 떨어져 나간 그 자리에서 더욱 당당하게 서 있게 될 거예요.

그게 뭐 어때서?

29

넘어지는 법

여러분 중에 수영을 배워 본 사람이 있을 거예요. 수영장에서 흔히 있는 예를 들어 볼게요.

"음파, 음파!"

한 수영장에서 사람들이 수영을 배우고 있었어요.

기초반이었기 때문에 사람들은 수영장 가장자리에서 호흡법을 배우느라 정신이 없었지요. 수영에서는 기초 체력 다음으로 호흡이 중요하지요.

"자, 다시 한번 해 보세요."

"음파, 음파!"

수영 선생님의 말에 따라 사람들은 다시 호흡법을 시작했어요.

"자, 수영을 배우려면 머리를 반드시 물속에 넣어야만 합니다. 두려워하지 말고 머리를 물속에 넣으세요!"

수영 선생님이 이렇게 말했지만 사람들은 두려워하며 엉거주춤 서서 머리를 넣지 못했어요.

그나마 용기 있게 머리를 넣은 사람들은 물을 한 바가지나 먹고 나서 웩웩거렸어요.

"뭐야, 이거. 괜히 우리 물 먹이려고 하는 거 아냐?"

"맞아. 난 어렸을 때 강에서 머리를 안 넣고도 수영했었어."

그러자 선생님은 다시 이야기했어요.

"내 말을 믿어 보세요. 잘못된 수영 습관을 고치고 새로운 수영법을 배우려면 일단 나를 믿어야 합니다. 그리고 물을 좀 먹으려고 해 보세요. 여러분은 수영장 물을 조금도 안 먹고 수영을 배우려는 데 문제가 있습니다. 물 좀 먹는다고 안 죽어요. 하지만 물을 전혀 안 먹으려 하면 결코 새로운 것을 배울 수 없습니다. 자전거 타는 법을 배우면서 한 번도 안 넘어지려고 하는 것과 같지요. 그러다 보면 몸이 굳어서 더 크게 넘어질 수 있어요. 잘 넘어질 줄 알아야 잘 탈 수도 있는 것입니다."

그제야 수영을 배우려던 사람은 고개를 끄덕였어요.

"하긴 수영을 배우려는데 물 한 번 안 먹어서야 되나."

"그렇지, 그렇지."

어려움 한 번 겪지 않고 열매만 취하려는 생각에 빠져 있는 사람들이 많아요. 새로운 세상을 만나려 하면 기존의 나를 버려야 하는 고통이 따르지요. 두려워하고 피하려고만 한다면 절대 새로운 세상을 만날 수 없답니다.

자전거를 배울 때도 무릎이 세 번은 깨져야 하지요. 넘어질 것을 걱정하고, 무릎이 까지는 것을 걱정해서 지나치게 몸을 사리면 평생 가도 자전거 타는 법을 배울 수 없습니다. 이렇듯 우리가 새로운 삶의 단계로 넘어가기 위해서는 반드시 어느 정도의 고통을 치러야 한답니다. 그러니 고통을 너무 두려워하지 마세요. 고통 뒤에는 훌쩍 커진 자신을 만날 수 있을 테니까요.

넘어지는 법

30

진짜 중요한 것

　남들보다 두 살 어린 여섯 살에 초등학교에 들어간 나는 한동안 학교생활에 적응하느라 진땀을 흘려야 했어요. 같은 반 친구들에 비해 나이도 어린 데다 신발주머니를 땅에 끌고 다닐 만큼 키도 작았기 때문이지요.
　아침만 되면 학교에 가기 싫다고 떼 쓰는 통에 어머니도 힘들었지요. 덕분에 처음 보름 동안은 어머니 등에 편하게 업혀 학교에 갈 수 있었어요. 싫든 좋든 그렇게 학교에 다니다 보니 어느덧 학교생활에 적응하게 되었고, 친구들도 제법 생겼지요.
　하루는 등굣길에 신발주머니를 안 가져간 적이 있어요. 친구들 만날 생각에 좋아서 서두르다 보니 깜빡하고 두고 온 것이었죠. 마침 겨울이어서 추웠는데 실내화까지 없으니 발이 많이 시렸어요. 나는 책상 아래로 두 발을 열심히 맞비비며 '내일은 잊지 말고 신발주머니를 꼭 챙겨 와야지!' 하고 생각했어요.

다음 날 나는 전날의 다짐대로 신발주머니를 단단히 챙기고는 팔을 씩씩하게 휘두르며 학교로 향했어요. 그런데 저만치에서 어머니가 부르는 소리가 들렸어요.

"이놈아, 너는 책가방은 안 가져가고 신발주머니만 들고 학교에 가는 거냐?"

그러고 보니 내 손에는 신발주머니만 들려 있었고, 정작 중요한 책가방은 어머니 손에 들려 있었지요. 나는 민망해서 쿡쿡 웃었지요.

많은 세월이 지난 후에 돌이켜 보니, 책가방과 신발주머니가 우리 인생과 닮았다는 생각이 들어요. 인생이라는 학교에 다닐 때 책가방도 필요하고, 신발주머니도 필요하지요. 인생에서 책가방이라고 하면 가족, 친구, 신앙, 꿈, 건강, 사랑 등 눈에 보이지 않지만 매우 중요한 것이지요. 삶에서 신발주머니는 그때그때 필요한 것이에요. 참고서라든가, 차비라든가, 입은 옷이라든가 그런 것들요. 우리는 눈으로 확인이 가능한 신발주머니는 열심히 챙기면서 정작 중요한 책가방을 잊어버리는 경우가 있어요. 진짜 목적은 잊어버린 채 겉모습에만 신경 쓰는 것처럼요.

생각해 보세요. 차준환 선수가 옷차림이 나쁘다고 해서 스케이트를 못 타는 건 아니에요. 손흥민 선수가 운동복을 제대로 갖춰 입지 않았다고 해서 축구 실력이 없는 것도 아니고요. 진짜 실력은 옷이나 신발에 달린

것이 아니랍니다. 운동의 본질은 체력과 실력이지 장비나 운동복이 아니니까요.

그러니 우리는 우선 기본적인 것에 에너지를 쏟아야 해요. 신발주머니를 챙기는 것에 너무 많은 에너지를 쏟은 나머지 정작 중요한 책가방을 두고 오는 낭패를 겪지 않으려면 말이지요.

> 여러분이 생각하는 여러분의 책가방은 뭘까요? 오늘 하루 동안 곰곰이 생각해 보고 일기장 한쪽에 차분히 적어 보세요. 남이 어떻게 생각할지 고민할 필요는 없어요. 자신의 생각대로 쓰는 거죠. 자신의 책가방을 챙기는 첫걸음은 자신의 책가방이 무엇인지 알아보는 것부터 시작한답니다.

진짜 중요한 것

31
바닷가의 갈매기

미국 플로리다주의 작은 항구에서 일어난 일이에요.

그 항구는 푸른 바다와 하얀 갈매기 떼의 풍경이 일품인 지역이었지요. 사람들은 파도와 갈매기를 보기 위해 먼 곳에서 일부러 찾아오기도 했어요. 그런데 언젠가부터 갈매기들이 하나둘 죽는 일이 생기기 시작했어요. 아침이면 도로 위에 죽은 갈매기들의 사체가 떨어져 있곤 했지요.

"아니, 갈매기들 사이에 무슨 돌림병이라도 발생한 걸까?"

"보기에도 안 좋고 이러다가는 관광객들도 다 떠나 버릴 거야. 빨리 조치를 해야겠어."

마을 사람들은 웅성거렸어요. 그리고 한 병원에 의뢰해 조사를 시작했지요. 그 결과, 갈매기들은 병에 걸린 것이 아니라 굶어 죽었다는 것이 밝

혀졌어요.

"뭐라고? 말도 안 돼요. 굶어 죽었다니!"

마을 사람들 몇몇이 조사 결과를 믿을 수 없다며 흥분했어요. 그런데 나이 든 할아버지가 곰곰이 생각하더니 고개를 끄덕였어요.

그 마을의 갈매기들은 수백 년 전부터 항구에서 어부들이 그물을 털면 그 주변에 떨어진 새우나 작은 생선을 먹으면서 살았어요. 다른 지역의 갈매기들처럼 힘들게 사냥할 필요가 없었던 거죠. 고깃배가 도착하면 생선을 주워 먹으려는 갈매기들이 한꺼번에 모여들곤 했어요. 그런데 세월이 흐르면서 그 항구에 문제가 생겨서 고깃배들이 대부분 먼 곳의 다른 마을로 옮겨 가야 했지요.

그러자 갈매기들은 더 이상 그곳에서 먹이를 구할 수 없게 되었고, 결국 굶주림 속에서 죽어 간 거예요. 이미 그 갈매기들은 물고기를 사냥하는 법을 잊어버린 것이지요.

《사자와 마녀와 옷장》이라는 동화책을 쓴 C. S. 루이스의 다른 작품 《고통의 문제》라는 책을 보면 첫 장에 이런 말이 나와요.

"세상에는 이루 헤아릴 수 없는 고통의 문제가 있다. 만약 세상에 신이 있고, 그 신이 전지전능한데, 신이 인간을 사랑한다면 고통은 왜 주시는 것일까?"

루이스의 말처럼 세상에는 고통이 있어요. 이 고통을 크게 보면 두 가지로 나눌 수 있는데 첫째는, 내가 선택하거나 예상하지 않았던 고통이에요. 갑작스런 사고나 질병, 이별 등이죠. 이것은 정말 어쩔 수 없는 고통이에요. 두 번째는 내가 선택한 고통이에요. 언뜻 들으면 이해가 가지 않지만 잘 생각해 보세요. 우리가 무언가 얻기 위해서는 고통이 따를 수밖에 없어요. 공부, 운동, 노래와 춤을 잘하기 위해서도 우리는 고통을 선택해야 한답니다. 죽은 바닷가의 갈매기는 고통 없는 편안함에만 길든 것이에요.

> 신이 인간에게 고통을 줄 때는 그것을 벗어날 수 있는 문도 함께 준다고 해요. 물론 그 문을 발견하기가 쉽지 않지요. 그 문은 우리 눈에 잘 띄지 않을 만큼 아주 작을 수도 있고, 그 문을 찾았다 하더라도 여는 방법을 모를 수도 있지요. 하지만 힘들이지 않고 얻을 수 있는 것은 그리 많지 않아요. 힘이 들어야만 더 큰 힘이 생기거든요. 신은 우리에게 힘을 주기 위해 고통을 먼저 주는 것일지도 몰라요.

바닷가의 갈매기

32

지금, 바로 여기에서

　철학자 스피노자는 '비록 내일 지구의 종말이 온다 해도 오늘 한 그루의 사과나무를 심겠다.'라고 말했어요. 정말 내일 지구의 종말이 온다는 발표가 뉴스에 났다고 생각해 보세요. 아마도 많은 사람이 울고불고, 이리저리 우왕좌왕하느라고 아까운 시간을 다 보내겠지요? 그러나 스피노자는 사과나무를 심으면서 내일과 상관없이 오늘 하루를 충실히 보내겠다고 말한 거예요. 우리가 많이 들어왔던 이야기이긴 하지만 실천하기는 어렵지요.

　"귀찮아. 그냥 내일 할래."
　"내년부터 공부 열심히 할 거야."
　"다음에는 잘할게."

우리는 이렇게 다음, 내일, 훗날을 약속하지요.

하지만 이런 하루하루가 쌓여서 인생이 되고, 우리의 미래가 된답니다. 막상 내일이 되면 또 다른 일이 생기고, 내년이 되면 이미 공부하는 습관이 들지 않아서 여전히 공부가 안 될 거예요. 그래서 지혜로운 사람들이 '오늘 하루를 충실히 살라', '오늘 할 일을 내일로 미루지 말라.'고 이야기하는 것이지요.

특히 초등학생 때는 여러 가지 삶의 습관을 다져야 하는 시기이기 때문에 좋은 습관을 기르는 게 중요해요. 좋은 습관을 가지면 평생을 살아갈 든든한 재산을 얻은 것과 같거든요.

살아간다는 것은 공연과도 같아요. 공연하는 배우처럼 인생이라는 긴 무대 위에서 연기를 펼쳐 나가는 것이죠. 무대 위에서는 누구나 주인공이 되고 싶고, 누구나 멋진 연기를 펼치고 싶잖아요? 단역으로 잠깐 등장하거나 대사도 없이 서 있는 소품 역할을 맡고 싶은 사람은 없을 거예요. 설령 실제 공연에서는 단역이라 하더라도 자기 삶에서는 누구나 주인공임을 잊지 말아야 해요.

또 하나! 삶을 훌륭하게 공연하기 위해서는 자신의 목소리를 찾는 것이 아주 중요해요. 여기서 목소리는 재능이나 천직, 소명이라고 할 수 있어요. 자신에게 주어진 무대에서 자신의 목소리로 공연을 하는 거죠. 그러니까 여러분도 자신의 목소리가 무엇인지 찾아보세요. 그걸 하루빨리 찾아야, 그 목소리로 멋지게 공연을 펼칠 수 있으니까요.

그러면 누군가 이렇게 물을 수도 있지요.

"너의 오늘 공연은 훌륭했니?"

그러면 여러분은 "네!" 하고 바로 대답할 수 있을 거랍니다.

내일 세상을 떠날 것처럼 열심히 살아 보세요. "나중에."라고 이야기하지 말고, 지금 당장, 바로 여기서 최선을 다해 보세요. 머지않아 여러분의 인생은 크게 달라져 있을 겁니다. 여러분은 분명 누가 뭐래도 이 무대의 주인공이거든요.

33

선택과 포기

사람들은 누구나 성공하고 싶어 합니다. 그래서 성공에 관한 책들도 읽고, 성공할 수 있는 방법에 대해 토론하기도 하지요. 성공을 위해 열심히 공부하던 한 직장인이 "삶에 획을 그은 사람들의 세 가지 특징"이라는 글을 읽게 되었어요. 성공한 사람들의 세 가지 특징은 다음과 같았어요.

첫 번째, 채식주의자는 아니었지만 채소를 많이 먹었다.

두 번째, 그들의 90퍼센트는 새벽 3시에서 5시에 일어났다.

세 번째, 가장 좋아하는 운동은 산책과 조깅이었다.

'아하, 그렇구나. 이걸 몰랐군. 별로 어렵지도 않잖아? 나도 당장 내일부터 새벽에 일어나야겠어.'

그는 이렇게 결심하고 곧바로 행동에 옮겼어요. 우선 새벽 4시에 일어나기 위해 알람을 맞춰 두었지요.

다음 날 새벽, 알람 소리에 눈을 떴어요. 겨우겨우 눈을 뜨긴 했는데 도대체 뭘 해야 할지가 고민이 되었지요. 운동을 나가자니 밖은 여전히 깜깜했고, 책을 읽자니 너무 졸려서 눈꺼풀이 다시 내려앉았어요. 게다가 이른 새벽에 일어난 탓에 오후가 되면 회사에서는 병든 닭처럼 졸음이 쏟아졌지요. 좋아하는 육식을 줄이다 보니 몸에 기운도 없는 듯했어요. 1~2주를 그렇게 지내니 삶에 획이 그이지기는커녕 눈 밑에 다크서클만 가득했어요.

"이봐, 김 대리. 요즘 왜 그리 피곤해 보여? 밤에 잠 안 자고 뭘 하는 거지? 지난번 업무도 실수가 있더니만……. 이번에는 꼼꼼히 처리하게."

상사는 이렇게 타박을 했지요.

'이거 왜 이러지? 성공에 가까이 가기는커녕 회사에서 실수한다고 핀잔만 받으니 말이야.'

피곤하고 힘든 하루하루를 보내다 문득 그는 깨닫게 되었어요. 글에 적힌 사람들은 무작정 일찍 일어나는 것이 아니라 일찍 잠들어 일찍 일어난 것이라는 사실을 알았어요. 결국 이것은 하나를 '선택'하기 위해서 다른 하나를 '포기'해야 한다는 것이지요. 아침에 일찍 일어나기 위해서는 저녁 모임이라든가 밤늦게까지 텔레비전 보는 것을 포기해야 한다는 걸 미처 몰랐던 거예요.

그제야 남자는 쓸데없이 스마트폰을 들여다보거나 텔레비전 보는 시간을 포기하고 잠자리에 일찍 들었어요. 몇 달 동안은 힘들었지만 어느새 익숙해졌고 새벽이면 상쾌한 마음으로 조깅을 할 수 있게 되었어요. 당연히 몸도 건강해졌고 회사 업무에도 더욱 충실할 수 있었답니다.

> 선택의 다른 이름은 포기예요. 하지만 포기는 결코 쉽지 않지요. 그러니 더욱 적극적인 선택이 필요해요. 물론 하나를 포기하는 것이 잠깐은 힘들고 어려울 수 있지만, 그 순간을 잘 이겨 내면 그토록 가지고 싶어 하던 것을 가질 수 있을 거예요.

선택과 포기

34

주인으로 살기

수형이네 가족은 모처럼의 휴일을 맞아 지리산으로 가족여행을 떠났어요. 수형이 아빠는 만족스럽다는 듯 앞에 놓인 내비게이션을 바라보았지요.

"옛날에는 다 종이 지도 보고 찾아다녔는데, 요새는 내비게이션이 있으니 길 찾느라 고생도 안 하고 얼마나 좋아."

"그러게 말이야. 정말 살기 좋은 세상이라니까. 나도 어릴 적에 부모님이랑 휴가 갈 때마다 길을 잃어서 엄청 고생한 기억이 있어. 옆자리에서 지도 책 보느라 눈이 빠질 뻔했잖아."

수형이 엄마도 거들었어요.

내비게이션은 과속을 단속하는 카메라 위치도 알려 주고, 국도로 갈지

고속도로로 갈지 빠른 길을 선택하게 하고, 좌회전이나 우회전을 할 곳도 미리 알려 주기 때문에 편리해요.

"아빠, 내비게이션 있으니까 우리도 여행도 많이 다녀요."

뒷좌석의 수형이도 신나서 이야기했어요.

수형이 아빠는 차를 타면 아무리 가까운 거리라고 해도 반드시 내비게이션을 켰고, 내비게이션이 안내해 준 길로만 다녔어요.

그러던 어느 날이었어요.

"이게 왜 이러지? 고장이 난 건가? 내비게이션이 먹통이네."

아빠가 차의 시동을 걸면서 중얼거렸어요.

"껐다 다시 켜 볼게. 전에도 한두 번 그런 적이 있잖아."

엄마는 대수롭지 않은 듯 말하며 내비게이션을 꺼 보았어요. 그러나 내비게이션은 서울 톨게이트를 빠져나갈 때까지도 작동하지 않았어요.

"어머, 어쩌지? 아무래도 고장이 난 게 확실한가 봐. 오늘따라 왜 스마트폰은 아무도 안 가져온 거야? 어쩌지? 내비게이션 없이 지난번에 간 그 휴양림 찾아갈 수 있어?"

엄마가 발을 동동 굴렀어요.

"그, 글쎄. 매번 내비게이션을 켜고 가다 보니 가물가물한걸. 어느 나들목에서 빠져나갔더라?"

아빠는 당황스러운 모습이었어요. 그날 수형이네 가족은 물어물어 휴양림을 찾아가느라 무척 고생을 했답니다. 평소에 수형이의 아빠는 한

번 간 길은 절대 잊지 않고 찾아갈 수 있다고 자랑하곤 했는데, 부끄러워 얼굴이 빨개졌어요. 기계의 편리함에만 의지한 채 운전을 하다 보니 길을 보는 눈이 까막눈이 되어 버린 것이지요.

이렇게 사람들은 내비게이션이 생기면서부터 길을 외우지 않게 되었어요. 그저 내비게이션이 가르쳐 주는 방향대로 아무 생각 없이 따라가게 된 거예요. 자신이 차의 주인이며, 운전대를 잡은 운전자인 것을 잊고 만 것이죠.

> 우리가 사는 것도 마찬가지예요. 인생이라는 길을 달리면서 어떤 사람은 주인처럼 주체적으로 살아가지만 어떤 사람들은 내비게이션에 의지한 채 남의 차를 얻어 탄 것처럼 살아가기도 해요. 그들은 그저 창밖을 멍하니 바라보거나 심지어는 졸기도 하지요. 길에 대해 크게 관심 갖지도 않고요. 그래서 오랫동안 길을 달려도, 정작 자신이 달려온 길, 자신이 달려가야 할 길에 대해 아는 것이 거의 없어요. 주인의 삶이 아니라, 손님의 삶을 살았기 때문이에요.

주인으로 살기

35
자연스럽게 받아들이기

　어린 시절, 집에 '도꾸'라는 이름의 개 한 마리가 있었어요. 그 녀석은 마당 한구석에 블록으로 만들어진 커다란 집도 가지고 있었지요. 나는 학교가 파하면 가장 먼저 도꾸에게 달려갔고, 한두 시간은 녀석과 함께 놀았어요. 동생이 없었던 나에게 그 시절 도꾸는 동생과도 같은 존재였나 봐요.

　그러던 어느 날, 학교에서 돌아오는 길에 아버지와 아버지 친구들이 도꾸를 끌고 가는 모습을 보게 되었어요. 도꾸는 도와달라는 듯 애처로운 눈길로 나를 쳐다보았죠. 그리고 눈물을 흘렸어요. 하지만 나는 도꾸를 위해 아무것도 할 수 없었어요. 아버지를 말리기에 나는 너무 어렸으니까요. 그 후에도 우리 집에 온 강아지들은 3년을 넘기지 못했어요. 아버지는 녀석들의 덩치가 제법 커지면 매번 어딘가로 끌고 갔거든요.

　잔인한 이별이 반복될수록 나의 상처는 깊어 갔어요. 나는 다시는 녀석들에게 정을 주지 않겠다고 다짐했지요. 그것이 내가 상처받지 않는 유일한 방법이라고 생각했거든요. 이후 나는 그 어떤 강아지에게도 눈길을 주지 않았어요.

　그러던 어느 날 어머니가 토끼 몇 마리를 사 왔어요. 나는 강아지가 아니라 다행이라고 생각하며, 토끼 돌보는 일을 도맡았지요. 들에 나가 민들레랑 시금치 등을 뜯어 와 먹이로 주곤 했는데, 그것도 귀찮은 날이면 녀석들을 줄로 묶어 풀밭에 풀어놓기도 했어요. 더 귀찮은 날은 밥통에서 뜨거운 밥을 퍼서 주기도 했고요. 나는 녀석들이 토끼라는 사실도 잊은 채 친구나 동료로 생각했던 모양이에요.

　그렇게 몇 달이 흐른 후, 어머니는 닭볶음탕이라는 정말 맛있는 음식을 상에 올렸어요. 얼마나 맛있던지 두 그릇이나 먹어 치운 나는 배를 두드리며 토끼풀을 뜯으러 나섰지요. 우리끼리만 포식한 것이 미안해 토끼들에게도 맛있는 풀을 먹여 주려고 한 거예요.

　"어? 엄마, 토끼들이 없어졌어!"

　텅 빈 토끼장을 바라보며 나는 소리를 질렀지요. 그런데 어머니는 별일 아니란 듯이 "아까 네가 먹은 게 토끼잖아." 하고 말하는 거예요. 나는 어이가 없어 그 자리에 풀썩 주저앉고 말았지요. 내가 먹은 음식은 닭볶음탕이 아니었던 거예요. 더 이상 눈물도 나오지 않았고 아무 말도 할 수 없었어요.

나는 정든 것들을 떠나보내며 너무 힘들었어요. 그래서 한동안은 모든 것에 정을 주지 않으려고 애썼어요. 사람 관계에서도 마찬가지였어요. 그러자 나는 점점 외로워졌어요. 나중에야 깨닫게 되었지요.

'아, 모든 만남은 영원할 수 없는데 내가 영원해야 한다고 너무 욕심부렸구나.'

그 후로는 이별과 변화를 자연스럽게 받아들이게 되었답니다.

> 우리는 가끔 '내가 이 친구에게 얼마나 잘해 줬는데 어떻게 다른 친구와 더 친할 수 있어?' 하고 화가 날 때가 있지요. 세상에 영원한 것은 없어요. 친구도, 연인도 한때 좋았던 마음을 끝까지 함께하기가 힘들지요. 그러나 그것을 상처가 아닌, 자연스러운 과정으로 받아들여야 해요. 모든 것이 변한다는 것을 말이지요. 그러니 앞으로의 걱정 때문에 지금 내 곁에 있는 사람들에게 소홀하지는 마세요. 이별하고, 상처받고, 눈물 흘릴지라도 우리는 마음의 문을 열고 두려움 없이 그들과 눈을 맞추고, 아낌없이 사랑하며 살아야 진정으로 행복할 수 있답니다.

자연스럽게 받아들이기

36

알면 좋아하게 된다

'아는 만큼 본다.'는 말이 있지요? '아는 것이 적으면 사랑하는 것이 적다.'는 말도 있어요. 많이 알면 그만큼 좋아하게 되고 애착을 가지게 된다는 뜻이지요. 여기서 안다는 것은 단순한 지식이 아니라 경험을 의미해요. 그래서 많이 사랑하려면 많이 알아야 하고, 많이 알려면 많이 경험해야 하지요.

언젠가 인터넷에 떠도는 '성격 테스트'에서 이런 질문을 보았어요.

"여러분은 떡볶이를 먹을 때 자주 가던 분식점에서 늘 먹던 음식을 주문하나요? 아니면 새로운 곳에서 새로운 메뉴를 주문하나요?"

늘 가던 곳에 가는 사람이라면 새로운 것에 대한 두려움이 큰 나머지 익숙한 것을 즐기는 성격이고, 새로운 곳을 선택한다면 도전을 즐기는 성격이라고 해요.

 사실 새로운 것은 낯설거나 어색하기도 하지만 실패에 대한 두려움을 주기도 하지요. 그럼에도 새로운 메뉴를 주문하고, 새로운 것에 도전하는 사람들이 있어요. 그들은 실패가 하나의 경험일 뿐이라는 사실을 알고 있답니다.

 새로운 것을 접하기 위해서는 많이 만나야 해요. 좋은 책, 좋은 풍경, 좋은 사람과의 만남이 우리를 변화시킵니다. 책을 통해 우리는 시간과 공간을 넘어선 다양한 경험을 할 수 있어요. 또 좋은 풍경은 우리의 마음을 깨끗하게 해 주지요. 그리고 좋은 사람은 우리에게 긍정의 에너지를 주고 힘을 준답니다. 이런 좋은 만남을 통해 우리는 새로운 기회를 얻기도 하고, 자신의 꿈을 이룰 '길'과 만나기도 해요.

 어린 시절 '미술 신동'으로 불렸던 피카소는 여덟 살에 이미 돈 걱정 안 하는 예술가가 되었지만, 어쩔 수 없이 다른 사람들이 좋아하는 그림만 그려야 했어요. 이것을 싫어한 피카소는 스무 살이 되던 해에 파리의 뒷골목으로 들어가 가난과 외로움, 어둠을 경험하지요. 이러한 경험은 그에게 풍부한 아이디어와 창조력의 토양이 되어 피카소에게 새로운 작품 세계를 열어 주었어요.

 새로운 세상과의 만남은 피카소에게 한 시대의 '대가'로 우뚝 설 기회를 주었어요. 만약 늘 하던 대로 사람들의 입맛에 맞는 그림만 그렸다면 지금 우리는 아무도 그의 이름을 알지 못했겠죠? '젊어서의 경험은 사서도 한다.'는 말이 있는 것처럼 두려워하지 말고 다양한 경험을 쌓아 나가세요.

> 만남은 앎을 선물하고, 앎은 세상을 향한 열린 마음을 선물합니다. 그리고 이러한 연결은 또 다른 좋은 진동으로 다른 사람에게 연결되지요. 혹시라도 반에 마음에 들지 않는 친구가 있다면 먼저 그 친구를 이해하려고 노력해 보세요. 어쩌면 그 친구에 대해 잘 모른 채 겉으로 보이는 것으로만 판단했을 수도 있거든요. 친구를 알아가는 과정에서 여러분이 몰랐던 새로운 사실도 알게 되고, 그 과정에서 그 친구를 좋아하게 될 수도 있답니다.

# 알면 좋아하게 된다

역사 속 소통의 달인들 4

상과 벌을 엄격히 한 원칙의 리더

　우리나라 사람들이 가장 존경하는 인물로 손꼽는 이순신은 임진왜란 때 우리 바다를 지켜 낸 명장이에요. 이순신은 어려서부터 무인의 길에 뜻이 있었지만, 22세의 늦은 나이에 무예를 배우기 시작해 28세에 훈련원 별과에 응시했으나 달리던 말에서 떨어지는 바람에 시험에 낙방하고 32세가 되어서야 비로소 급제했지요.
　이순신의 첫 부임지는 북쪽 변방 함경도의 열악한 곳이었어요. 그는 늦은 나이에 관직에 나갔으면서도 묵묵히 자기의 직분을 수행했지요. 그러다가 1589년 고향 선배인 유성룡의 추천으로 정읍현감으로 부임한 뒤 관리로 명성이 높아졌고, 2년 만에 수군으로서는 최고 위직인 전라좌도 수군절도사에 임명되었어요. 이때가 임진왜란이 일어나기 14개월 전이었어요.
　이순신은 일본의 움직임이 심상치 않자 거북선을 만들기 시작했어요. 새로 만든 거북선에서 포를 쏘는 것을 시험하고 있을 무렵, 일본의 30만 대군이 함대 700척을 이끌고 부산포에 들이닥쳤지요. 당시 조선은 제대로 된 싸움 한번 해 보지 못하고 20여 일 만에 수도가 함락되는 위기에 빠졌어요. 그러나 바다에서만은 이순신의 활약으로 왜군들을 제압했고 마침내 전쟁의 분위기를 승리로 돌려놓는 계

이순신
(李舜臣, 1545~1598)

기가 되었어요.

　이순신은 어떻게 그런 위기 속에서 왜군에 맞서 승리할 수 있었던 것일까요? 그것은 이순신이 불굴의 용기를 가졌을 뿐만 아니라 사람들과 소통하는 리더였기 때문이에요.

　이순신은 백성과 부하의 아픔과 어려움을 이해하고 배려하는 장군이었어요. 장수들과 끊임없이 이야기를 나누려 했고 병사 하나하나의 이름을 외웠으며 그 사람이 가진 장점을 파악해 최선의 실력을 발휘할 수 있도록 해 주었지요. 또 부상을 입은 병사를 보고 가슴 아파하며 매일 밤 일기를 꼬박꼬박 적었어요. 이순신은 싸움을 하면서도 왜적들이 도망갈 수 있는 배는 꼭 남겨 두었어요. 그러지 않으면 왜군들이 육지로 올라와 조선 백성들을 해칠 것을 염려했기 때문이에요. 이것을 안 백성들은 감동을 받고 수군들의 활동에 적극 협조했지요.

　이순신은 공을 세운 사람은 반드시 상을 줘서 사기를 높였어요. 하지만 도망한 병사나 물자를 빼돌린 이들은 가차 없이 처벌했답니다. 그는 상과 벌을 엄격히 한 원칙의 리더였고 그 원칙이 병사들과 백성들의 믿음을 샀어요.

37
몸과 마음

"엄마, 이게 다 뭐예요? 오늘 대청소하는 거예요?"

학교에서 돌아온 수진이가 마루에 가득한 그릇들을 보며 외쳤어요. 가방 내려놓고 친구 집에 가서 떡볶이 만들어 먹기로 했는데 마루에 가득한 그릇을 보니, 엄마가 혹시 일이라도 시킬까 봐 걱정되었거든요.

"응. 왔니?"

엄마는 짧게 대답한 뒤에 별다른 설명 없이 부지런히 그릇들을 부엌으로 날랐어요. 그제야 수진이는 엄마가 기분이 좋지 않다는 걸 느꼈어요. 예전에 외할아버지가 돌아가셨을 때도 엄마는 며칠 동안 집 안의 이불을 모두 꺼내 빤 적이 있었거든요.

"엄마, 나도 좀 도와줄까?"

수진이는 가방을 내려놓고 엄마를 도와 그릇을 부엌으로 옮겼어요. 세 시간이 넘게 엄마와 수진이는 그릇을 닦았지요. 별말 없이 그릇을 헹구던 엄마는 그제야 엷은 미소를 지으며 수진이에게 말했어요.

"힘들었지? 엄마가 감자 튀겨 줄까?"

"네, 엄마! 엄마가 해 준 감자튀김이 제일 맛있어요."

엄마는 마음이 복잡할 때면 몸을 움직여야 한대요. 그래야 마음이 정리된다고요. 수진이는 괴로울 때면 그저 실컷 화를 낸 다음 누워서 감자 칩 같은 과자를 먹으면서 뒹구는 게 최고인데, 엄마는 반대인가 봐요.

수진이 엄마뿐이 아니에요. 많은 사람이 이렇게 복잡하고 우울한 마음을 달래려고 몸을 움직인답니다. 이것은 어찌 보면 몸이 저절로 해결책을 찾는 것이기도 해요.

어떤 사람은 재활용 쓰레기를 정리하고, 어떤 사람은 이불 빨래를 하고, 어떤 사람은 등산을 하기도 하지요. 모두 몸을 움직인다는 공통점이 있어요. 이렇게 몸을 움직이다 보면 고민하던 문제가 풀리기도 하고, 마음도 많이 가라앉는답니다. 몸에 힘이 들어가는 만큼 마음의 힘이 빠지니 크고 작은 걱정과 욕심을 내려놓기가 훨씬 수월해지지요. 물론 문제의 해결점을 찾지 못할 때도 있어요. 하지만 깨끗이 정리된 방 안을 보거나 땀을 흘린 얼굴로 스치는 바람을 맞다 보면 기분이 한결 나아지는 것만은 사실이지요.

사춘기에 접어든 아이들이 하루에도 몇 번씩 기뻤다 슬펐다 짜증 났다

하며 갈피를 잡지 못할 때가 있어요. 그럴 때는 운동이 최고예요. 땀이 흠뻑 날 정도로 몸을 움직이다 보면 마음은 한결 가벼워져 있을 거예요.

> 우리의 몸과 마음은 멀리 있지 않아서, 이런저런 걱정으로 심란하면 몸이 긴장할 수밖에 없어요. 몸이 긴장하면서 혈액 순환이 원활하지 못해 몸이 경직되고, 이런 상태가 지속되면 에너지 흐름이 막혀 체력이 약해지지요. 따라서 의식적으로라도 몸을 움직여 에너지 흐름을 원활하게 만들어야 해요. 몸과 마음의 유쾌한 소통은 번잡하던 마음을 정리하고, 건강도 지킬 수 있는 일거양득의 효과를 거둘 수 있지요.

몸과 마음

38

마음의 문

　세계에서 제일 큰 궁궐인 중국 자금성은 황제의 침실에 들어가기 위해 99개의 문을 지나야 한다고 해요. 귀한 사람이 지내는 곳이기에 문도 그만큼 많아야 한다고 여긴 것이지요. 그런데 우리 마음에도 자신을 지키기 위한 저마다의 문이 있어요. 사람에 따라 문이 적기도 하고 많기도 하지요. 우리가 서로 통하기 위해서는 반드시 그 문들을 열어야 해요.

　하지만 어떤 친구들은 마음의 문을 꼭꼭 닫고 철통 방어를 하는 경우가 많아요.

　"도대체 무슨 말을 하려고? 어디 해 볼 테면 해봐! 내가 넘어가나?"라는 표정으로 다른 사람을 경계하지요. 어쩌면 어른들의 지나친 잔소리들이 마음의 문을 더욱더 걸어 잠그게 만들었는지도 몰라요.

이런 친구들과는 어떻게 소통을 해야 할까요? 먼저 자신의 마음 가장 깊숙한 곳에 있는 문을 활짝 여는 거예요. 그래서 자신의 부족한 점이나 상처, 열등감을 상대방에게 그대로 드러내 보세요. 그러면 어느새 상대방도 조금씩 문을 열게 되지요. 나를 지키던 그 문이 바로 사람들과 만나고 세상과 만나는 소통의 문이 된답니다.

지은이는 아빠의 회사 때문에 여러 번 전학을 해야 했어요. 그럴 때마다 친한 친구들과 헤어지는 것도 섭섭했지만, 언제나 새로 전학 간 학교에서 지은이의 조용한 성격 때문에 '새침데기'나 '까칠한 아이'로 소문나는 게 싫었어요.

지은이는 성격이 털털하고 마음도 넓었지만 말투가 딱딱하고 외모가 차가워 보여 새로운 친구를 만나는 것이 힘들었거든요.

그날도 지은이는 새 교실로 무겁게 발걸음을 옮겼어요.

'아, 새로운 친구들은 얼마나 나를 멀리할까?'

선생님이 반 아이들에게 지은이를 소개했고 지은이는 교실의 맨 뒷자리에 앉았어요.

"어머, 엄청 쌀쌀맞게 생겼다. 서울에서 왔으니까 분명 깍쟁이일 거야."

"맞아, 저렇게 마른 걸 보니 성격이 까다로운 것 같아."

아이들을 수군댔어요. 쉬는 시간이 되었지만 아무도 다가오지 않았지요. 문득 지은이는 삼촌이 해 주었던 말이 생각났어요.

"지은아, 애들이 다가오지 않으면 네가 먼저 다가가 자존심을 내려놓고 광대가 되어 보렴."

혹시나 하는 마음에 지은이는 옆에 있는 아이에게 환한 표정으로 말을 걸었어요.

"어머, 너 옆모습 너무 예쁘다. 아, 그리고 첫날이라 긴장해서 그런지 화장실에 가고 싶은데, 여기 화장실이 어디니? 같이 가 주면 더 좋고."

지은이가 방실방실 웃으며 말을 꺼내자 새초롬하게 바라보고 있던 짝이 피식 웃었어요.

"너 보기보다 깍쟁이는 아닌가 보구나?"

"그럼! 나 엄청 소탈한 성격이거든. 그러니까 앞으로 잘 부탁해!"

사람들은 첫인상이나 겉모습으로 많은 것을 판단해 버리지요. 하지만 먼저 손을 내밀고 자신의 부족한 점을 내보이면 대다수의 사람들은 그 사람의 진심을 받아들인답니다. 마음을 연다는 것은 결국 내가 먼저 손을 내민다는 말이에요. 상대방이 손 내밀기를 기다리지 말고 먼저 다가가세요. 그리고 웃어 보세요. 웃음은 상대방의 빗장을 여는 좋은 열쇠랍니다.

마음의 문

39

내 마음의 감옥

〈쇼생크 탈출〉이라는 영화가 있어요. 억울한 누명을 쓰고 감옥에 들어간 앤디가 주인공이지요. 이 영화에는 주인공 말고도 다양한 성격의 사람들이 등장합니다. 특히 레드라는 인물은 40년이라는 긴 세월을 감옥에서 보냈는데, 그곳 생활에 길든 나머지 계속해서 교도소에 있기를 원하기까지 하지요. 감옥에서 풀려난 후에도 화장실에 갈 때에 간수의 허락을 받고 가야 했던 40년 습관이 그대로 남아 교도소 밖에서도 허락을 받고 화장실에 가려 할 정도예요. 몸은 감옥을 벗어났지만 마음은 여전히 감옥인 채로 허락받고 지시받으며 살아가는 것이지요.

이처럼 사람들은 좋지 않은 것이라도 일단 길들여지면 그것에서 벗어나기가 힘듭니다. 레드와는 반대로 주인공 앤디는 감옥을 탈출하기 위해 손바닥만 한 조각용 망치를 이용해 매일 조금씩 벽을 파내려 갑니다. 감옥 안에서 성실하게 생활하면서도 탈출의 꿈을 결코 포기하지 않고 20년 동안 계속 구멍을 판 결과, 마침내 탈출에 성공하여 자유의 몸이 되지요.

앤디가 탈출하는 장면은 너무도 감동적이어서 영화를 본 사람이라면 누구라도 그가 탈옥을 한 것이 아니라, 꿈을 이루었다고 생각합니다.

우리 마음에도 우리를 가두는 감옥이 있어요. 그 감옥은 작고 사소한 나쁜 습관일 수도 있고, 열등감일 수도 있어요.

"수학 공부는 하나 마나야. 지금 시작하긴 너무 늦었어. 내가 경시대회 나갈 것도 아닌데, 뭐."

"쟤가 먼저 사과하기 전에는 절대 말 안 해. 흥!"

"우리 집 형편으로는 내가 원하는 공부를 할 수 없을 거야."

뭐가 되었든 살아가면서 우리는 다양한 형태의 감옥을 경험합니다. 하지만 어떤 사람은 앤디처럼 그것들을 매일매일 조금씩 해결하고 마침내 그것에서 자유로워지지만, 어떤 사람은 레드처럼 감금된 상태에 익숙해지거나 또 다른 감옥을 계속해서 만들기도 합니다.

절망은 쉽게 하는 게 아니에요. 최선을 다한 사람만이 절망했다고 말할 수 있어요. 해 보지도 않고 포기해 버리면 살아가면서 이룰 수 있는 것이 아무것도 없습니다. 감옥은 다른 누구도 아닌 자신이 만드는 것입니다. 그리고 그 감옥을 탈출하는 것도 자기 자신만이 할 수 있습니다. 내 마음에 나를 가두는 감옥이 있거든, 영화 속 앤디처럼 그것을 뚫기 위해 최선을 다해 보세요. 길들여지지 말고, 삶의 벽을 조금씩 파 보는 거예요. 그러면 머지않은 날에 자유로운 햇빛을 마주할 수 있을 테니까요.

나태함이든 열등감이든 다른 나쁜 습관이든, 그것에 익숙해지면 벗어나는 일이 쉽지 않아요. 내 마음에 감옥이 생기고 그곳에 갇히는 것이니까요. 자, 이제 나쁜 습관을 버리고, 좋은 습관에 익숙해지려고 노력해 보세요. 친구들을 하루에 한 번씩 칭찬해 준다. 아침에 일찍 일어난다. 학교 수업이든 악기 연주든 예습 복습을 꼬박꼬박 한다……. 뭐든 첫걸음이 어려울 뿐이지요. 하지만 한 번 들인 좋은 습관은 평생을 살아가는 좋은 동반자가 된답니다.

내 마음의 감옥

40

실천하기

　미국의 백화점 왕으로 불리는 존 워너메이커의 이야기예요. 그는 정규 교육은 받지 못했지만 '그랜드 디포'라는 최초의 백화점을 성공시켜 '백화점의 왕'이라 불렸으며, 미국의 제23대 대통령 벤저민 해리슨 행정부의 체신장관을 지냈답니다.

　워너메이커는 어린 시절 필라델피아에 있는 한 벽돌 공장에서 일했어요. 그가 사는 마을에는 조금만 비가 내려도 마을 길이 모두 진창이 되었어요.

　"길이 왜 이 모양이야. 옷을 다 버리잖아."

　"비만 오면 이 꼴이니 빨리 이사를 가든지 해야지, 원."

　사람들은 옷에 진흙이 묻는다고 불평만 할 뿐 길을 고칠 생각은 하지 않았어요.

열세 살의 존은 곰곰이 생각한 끝에 자신의 하루 일당 중 일부를 떼어 벽돌 한 장씩 사기 시작했지요. 적은 일당이었지만 마을 사람들의 불편을 생각하면 그대로 있을 수가 없었거든요. 그리고 시간이 날 때면 혼자서 묵묵히 그 길에 벽돌을 깔기 시작했어요. 하루에 한 장씩 벽돌을 깐다면 2년은 족히 걸릴 넓고 긴 길이었어요.

그렇게 한 달이 지날 즈음, 길을 지나던 마을 사람이 벽돌을 깔고 있는 존을 발견했어요.

"아니, 이봐, 여기서 뭘 하는 거지?"

"비만 오면 마을 길이 너무 엉망이 돼서 벽돌을 깔고 있었어요. 제가 벽돌 공장에서 일하거든요."

존은 환하게 웃으면서 대답했어요.

"벽돌을 깐다고? 그럼 여기 이것들이 전부 자네가 깐 것이란 말인가?"

"네, 시간 날 때마다 틈틈이 깔고 있어요."

"아, 이런……."

그는 어린 존이 매일 한 장씩 벽돌을 깔고 있었다는 사실에 놀라며, 그저 불평만 하고 있었던 자신을 반성했어요.

"어린 네가 이런 일을 할 때까지 어른들은 아무런 생각도 못 하다니. 늘 진창인 길을 불평만 했던 우리들의 잘못이 크구나."

그 남자는 마을 사람들에게 존이 마을 길을 깔고 있다는 사실을 알렸어요. 소문은 금세 마을 전체로 퍼져 나갔고, 사람들은 함께 길을 포장하기로 힘을 모았어요.

"어린 소년이 혼자 하도록 보고 있을 수만은 없습니다. 우리도 조금씩 힘을 합해야지요. 내가 얼마 안 되지만 벽돌 값을 내겠소!"

누군가가 나서자 마을 사람들은 앞다투어 벽돌 값을 냈어요. 벽돌 값이 없는 사람은 벽돌 까는 일을 하겠다고 나섰지요. 그리고 얼마 지나지 않아 골칫거리 진창길은 곱게 포장된 새 길로 바뀌었답니다.

> 변화와 개혁을 외치는 혁신가가 되기 전에 우리는 먼저 실천가가 되어야 해요. 소리 높여 변화와 개혁을 외치는 것보다 묵묵히 실천하는 모습이 사람들을 변화로 이끌지요.
> 대다수가 힌두교나 이슬람교를 믿는 땅에 하느님의 목소리를 전한 마더 테레사는 한 번도 그들에게 "하느님을 믿으라."고 말하지 않았어요. 그저 가난과 질병으로 고통받는 이들과 함께 아파하며 같이 살았을 뿐이지요. 그리고 누군가 그녀에게 와서 "당신은 누구를 믿나요?"라고 물으면 그제야 비로소 자신이 믿는 하느님을 이야기했답니다.

실천하기

41

소망을 말하기

권투로 세계를 재패한 세계적인 권투 선수 무하마드 알리는 열두 살 때부터 "나는 세계에서 가장 위대한 권투 선수가 될 거야."라고 외치고 다녔어요. 당시 권투는 매우 인기 있는 스포츠였고, 많은 사람이 권투 선수가 되기 위해 노력하고 있었지요.

당연히 그 말을 듣는 사람들이 모두 알리를 비웃었어요.

"철모르는 어린애가 말도 안 되는 소리를 하는군."

"알리, 프로 복서의 세계가 그리 만만한 게 아니란다."

그럴 때면 알리는 이렇게 대답했어요.

"알고 있어요, 아저씨. 하지만 전 정말 세계에서 가장 위대한 권투 선수가 될 거예요."

매일 입버릇처럼 그렇게 말하고 다니던 알리는 정말 권투 선수가 되어 1960년 로마올림픽에 미국 대표 선수로 나가 금메달을 땄고, 이후 프로로 데뷔해 전 세계 라이트헤비급 챔피언 아치 무어와 대결을 가졌어요. 그는 경기 전에 대기실 칠판에 "무어를 4회에 KO 시킨다."라고 쓴 뒤 링 위에 올라갔는데, 정말 그 예언대로 4회 KO승을 거두었지요.

1964년 2월에는 미국 플로리다주 마이애미 비치 컨벤션홀에서 열린 세계 헤비급 타이틀전에서 당시 최고의 실력을 가졌던 소니 리스튼과 대결해 기권승을 거두면서 챔피언의 자리에 올라 전 세계에 이름을 알리게 되었어요. 이 대회에 앞서 그는 "나비처럼 날아서 벌처럼 쏘겠다."라는 말을 했는데, 알리가 시합에 이기면서 이 말도 엄청나게 유명해졌지요.

경기 장면을 본 알리의 주변 사람들은 무척이나 놀랐어요. 설마 했던 동네 꼬마 녀석이 자신의 꿈을 이루는 순간이었으니까요.

말은 생각을 담는 그릇이자 우리의 잠재의식을 움직이고 그것을 행동으로 이어지게 합니다. 간절히 원하는 소망이 있다면 그 소망을 입 밖으로 표현해 보세요.

우리가 어떤 일을 해야만 할 때 "글쎄…… 한번 해 볼게." 하고 말한다면 그것은 어느 정도 실패할지도 모르고 실패해도 어쩔 수 없다는 생각이 깔린 상태에서 행동하게 됩니다. 하지만 "반드시 할게."라고 말한다면 그 일을 대하는 태도도 달라지지요. 사소해 보이지만 이 둘의 차이는 대단히 큽니다. 무하마드 알리는 어렸을 때부터 입버릇처럼 해 왔던 말을 이루기 위해 죽도록 열심히 노력했고, 그래서 마침내 자신의 꿈을 이룬 것입니다.

그래서일까요? 무하마드 알리는 또 이런 말을 남겼습니다.

"자신의 소망, 꿈, 이상이 진정한 챔피언을 만든다."

말 한마디가 가지는 힘은 정말 크답니다. 여러분도 자신이 꼭 이루고 싶은 꿈이 있다면 매일 아침 눈을 뜨자마자 되뇌거나 주위 사람에게 널리 알려 보세요. 자신의 꿈을 잊지 않고 관리하는 건 각자의 몫이거든요.

소망을 말하기

42

웃음의 비밀

　에모토 마사루 박사는 20년 이상 물을 연구해 온 인물이에요. 그는 물과 사람 사이에는 특별한 관계가 있다고 주장했는데, 우리 몸속의 물이 태아일 때는 97%(임신 1주 기준)이고 어른은 70% 정도, 나이가 들면서는 50% 정도나 되기 때문이라고 해요.

　그는 눈(雪)의 결정이 모두 다르게 만들어진다는 사실을 연구하다가 물이 진동을 통해서 좋은 기운과 나쁜 기운에 반응한다는 주장을 실험을 통해 증명해 보였어요. 우리가 좋은 이야기와 좋은 말을 하면 물의 입자가 아름답게 변하고 우리가 욕이나 나쁜 말을 계속하면 물의 입자가 흉측하게 변하는 것이에요.

　'사랑'이나 '감사'라는 말을 하며 찍은 물 결정은 아름다운 육각형으로 나타났지만, '망할 놈', '바보' 등 나쁜 표현을 했을 때의 사진은 흉하게 일그러졌답니다. 물 옆에 컴퓨터나 휴대전화, 전자레인지, 텔레비전 따위를 놓고서 사진을 찍어도 물의 육각형 결정은 파괴되어 있었지요. 이렇게 본다면 물에도 감정이 있고 생명이 있다는 의미지요.

그러니 몸속의 물을 아름다운 모습으로 있게 하려면 좋은 소리를 듣게 하고 좋은 마음을 가지면 될 거예요. 이러한 좋은 소리 중 하나가 유머랍니다. 사람에게 있어서 웃는다는 것은 생명력과도 같아요. 몸속에서 물이 멈추지 않고 흘러야 하듯 유머도 우리 자신을 멈추지 않고 흐르게 해 줍니다.

웃지 않는 사람은 죽은 사람이나 다를 바가 없어요. '일노일로(一怒一老) 일소일소(一笑一少)'라는 말도 있잖아요? 한 번 화내면 한 번 늙고, 한 번 웃으면 한 번 젊어진다는 의미예요. 이처럼 사람에게 유머는 활기찬 에너지와 같은 것이지요.

잘 살펴보세요. 나이가 어린 아이들일수록 자주 웃고 많이 웃어요. 갓난아기들은 그저 안아 주기만 해도 웃지요. 아이들에게는 처음 만나는 세상이 재미있고 걱정도 별로 없고, 머리를 쓰거나 따지거나 하는 일 없이, 마냥 즐겁고 신날 뿐이니까요. 하지만 나이 들고, 노인이 될수록 웃는 횟수도 줄어듭니다.

물이 그런 것처럼 우리는 웃는 사람 옆에 있으면 기분이 좋아집니다. 화난 사람 옆에 있으면 불편하고 기분이 나빠지지요. 다른 사람에게 좋은 기운을 주는 사람에게 사람들은 호감을 갖고 친해지려고 합니다. 그렇기 때문에 우리는 맑은 물이 졸졸 흐르는 것처럼 웃음도 졸졸 흘러넘치게 해서, 온몸에 에너지가 가득하도록 노력해야 한답니다.

> 우리는 힘을 내기 위해 영양가 있는 밥을 먹듯이 유머에도 그러한 힘이 있다는 것을 알게 될 거예요. 남을 위해서도 그렇고, 자기 자신을 위해서도 그렇지요. 평소에 유머 감각을 길러서 자신을 웃게 하고, 다른 사람에게도 즐거움을 주도록 해 봐요. 혹시 웃을 일이 없을 때는 거울을 보면서 일부러라도 "하하하!" 하고 웃어 보세요. 그러다 보면 어느새 정말 웃을 일이 많아진답니다.

웃음의 비밀

43

한 번 더 말 걸기

"정윤아, 너 주말에 뭐 했어?"

성은이가 학교에 등교하는 정윤이를 보고 물었어요.

"뭐가 궁금한데?"

정윤이의 싸늘한 말투에 성은이는 아무 말도 할 수가 없었어요. 그때 뒤따라오던 인빈이가 성은이의 어깨를 툭툭 치며 이렇게 말했어요.

"쟤 말투는 정말 정떨어지지 않니? 꼭 분위기 싸하게 만든다니까. 저러니까 친구가 없지."

성은이는 그런 정윤이가 안타까웠어요. 사실 지금도 혼자 걸어가는 정윤이가 쓸쓸해 보여서 말을 걸어 본 것이었거든요. 하지만 역시 정윤이의 반응은 싸늘했어요.

"그러니까 너도 괜히 쟤한테 말 걸고 그러지 마. 그래 봤자 기분만 나빠진다니까."

인빈이는 입을 삐죽 내밀고 정윤이의 뒷모습을 흘겨보았어요.

"나쁜 애 같지는 않은데."

"네게 관심 있는 애들도 많은데 뭐 하러 저런 애한테까지 신경 쓰니? 자, 어서 가자. 지각하겠다."

정윤이는 앞에서 이 모든 소리를 다 듣고 있었어요. 그래서 찔끔 눈물이 나오려고 했지요.

사실 정윤이는 평소 맘에 들어 하던 성은이가 갑자기 말을 걸자 놀라서 얼떨결에 싸늘한 목소리가 나오고 말았어요. 하긴 이런 일이 한두 번이 아니었어요. 어떻게 말하면 이 친구가 좋아할지를 생각하다 보면 자기도 모르게 엉뚱한 말이 튀어나와 버렸거든요. 그래서 그동안 쌀쌀맞다, 분위기 썰렁하다, 고집스럽다 등등의 말을 여러 번 들어왔어요.

정윤이는 한숨을 푹 내쉬었어요. 자기의 고민을 아무도 몰라주니 정말 눈물이 날 지경이었지요. 책을 읽어 봐도, 엄마에게 물어봐도 마땅한 해결책을 발견할 수 없었어요. 그러다 보니 늘 혼자 다녔고, 쉬는 시간에는 이어폰으로 음악을 듣거나 책상에 엎드려 잤고, 어느새 외로움과 친구가 되어 버렸어요.

'아, 누가 내 고민을 들어 줄 수 있을까?'

정윤이는 교실로 들어가면서 이렇게 생각했어요.

이렇게 겉으로는 강해 보이고 쌀쌀맞아 보여도 속으로 여린 친구들이 많답니다. 친구의 한마디에 등을 돌리지 말고 한 번 더 말을 걸어 보세요. 그 한마디에 친구는 꽁꽁 닫아 두었던 마음을 열 수도 있습니다.

잘 생각해 보면 여러분 주변에도 이런 친구가 있을 거예요. 말을 걸어도 톡톡 쏘거나 무뚝뚝하게 대답하는 것 같지만 사실은 친구가 되고 싶어 하는 마음이 클지도 몰라요. 다만 방법을 모르는 것이지요. 그럴 때는 쉽게 담을 쌓지 말고 꾸준히 말을 걸어 보세요. 먼저 자신의 이야기를 들려주는 것도 도움이 된답니다.

한번 더 말 걸기

44

마음의 약

　식사는 누구에게나 즐겁지요. 배가 고플 때 만나는 식사는 행복함마저 안겨 준답니다. 게다가 자신이 제일 좋아하는 것들만 밥상에 가득하다고 생각해 보세요. 맛있게 먹을 수 있고 비었던 속이 채워지니 몸에 힘이 납니다. 하지만 때로는 밥으로도 안 될 때가 있어요. 몸에 이상이 생겼을 때는 밥이 아닌 진짜 약이 필요하답니다.

　그런데 약은 밥처럼 맛있지도 않고, 당장 어떤 에너지를 주지도 않으며, 가끔은 빈속을 더욱 쓰리게 만들기도 해요. 대부분의 약은 쓴맛이 강해서 먹기 싫을 때가 많지요. 싫다고 거부할수록 엄마들은 아이를 붙잡고 아이에게 약을 먹이려 애씁니다. 약을 먹어야만 병에서 회복될 수 있으니까요.

물론 어른들도 약을 먹는 일은 즐겁지 않아요. 누구나 한껏 얼굴을 찌푸린 채 약봉지를 털어 입으로 넣곤 하지요. 하지만 살다 보면 꼭 약을 먹어야 할 때가 있어요.

이렇듯 몸이 균형을 잃어 병에 걸리면 약을 먹어 치료하는데, 그렇다면 마음에 균형을 잃어 병에 걸리면 무엇을 먹어야 할까요? 마음의 병에도 밥과 약 두 가지가 있어요.

마음의 밥은 듣기 좋고 달기도 한 '칭찬'이에요. 칭찬은 맛있는 밥과 마찬가지로 우리에게 기운을 주고 행복함을 주지요. 그리고 언제 먹어도 맛있어요. 반면에 마음을 치료하는 약은 듣기 싫고 쓰기도 한 '나무람'이에요. 물론 여기서 나무람은 감정이 섞인 듣기 싫은 말이 아니라, 진정으로 마음이 낫길 바라는 마음에서 건네는 명확한 치료제로서의 나무람입니다. 이것은 마음에 쓰고 될 수 있으면 먹고 싶지 않은 것이에요.

혹여 부끄러운 잘못을 했거나 마음이 비뚤어져서 나무람이라는 약을 먹는다면 분명 그것은 쓸 거예요. 하지만 쓴맛은 이내 사라진답니다. 그러니 나무람을 먹을 때면 어린아이들처럼 밀어내거나 거부하지 말고, 몸에 힘을 빼고 받아들여 보세요. 머지않아 그 약은 마음의 균형을 찾게 해 주고 더욱 건강하고 기분 좋은 상태가 되게 해 줄 겁니다.

선생님이나 부모님의 나무람을 듣기 싫다고만 여기지 마세요. 마음의 약이라 생각하고 받아들이면 정말 좋은 약이 된답니다. 자신이 잘못한 것이 있다면 스스로 나무람을 요청해 보세요. 입에 쓴 약이 몸에 좋은 것처럼 듣기 싫은 나무람도 때론 마음에 좋답니다.

한창 자라나는 우리들은 밥을 제때 잘 먹어서 튼튼한 몸을 가져야 해요. 하지만 가끔 몸이 힘들 때가 되면 얼른 약을 먹어 몸을 보호하는 것처럼, 마음의 병이 들었을 때는 나무람이라는 약을 먹어서라도 다시 건강해지도록 해야 해요. 약을 먹지 않으면 병이 낫지 않고 오래가거든요. 칭찬과 나무람은 우리의 마음을 건강하게 하는 소중한 밥과 약이랍니다.

마음의 약

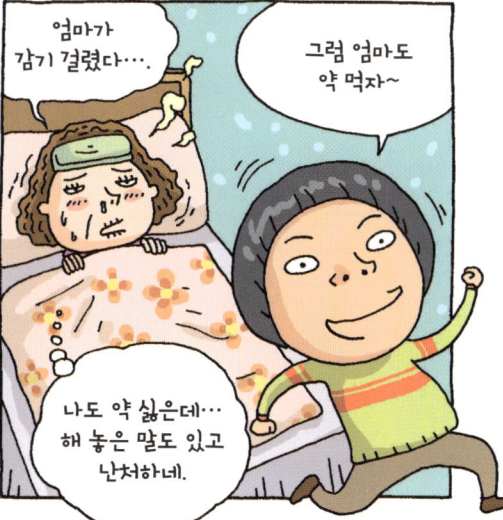

45

강에서 바다로

굽이굽이 흐르는 강을 바라볼 때면 이런 생각이 들어요. 강은 바다를 만나기 전까지 자기가 바다인 줄 알고 있는 건 아닐까? 자신이 제일 크고 깊고 넓다고 알고 있는 건 아닐까? 그러다가 한참을 흘러 바다를 만나면 그제야 자기가 강이라는 걸 깨닫고는 한없이 작아지고 부끄러워지는 게 아닐까 하는 생각도 해요.

하지만 강은 부끄럽더라도 바다를 만나야만 비로소 바다로서 새롭게 시작할 수 있어요. 그래서 '부끄러움'은 단순한 수치스러움을 넘어서 바다와 같은 크고 넓은 근원을 만나 새로운 것으로 다시 태어나는 과정의 부산물이기도 하지요.

지금은 유명한 연기자가 된 A는 대학 시절 연기 수업 교수님으로부터 "네 연기는 천박하다."는 심한 말을 들었어요. 동료들 앞에서 그런 말을 듣자니 너무나 부끄럽고 민망했지요. 게다가 언제나 동료들로부터 연기 잘한다는 말을 들었던 그로서는 당황스러웠고, 교수님의 말을 인정할 수 없었어요. 게다가 조금 돌려 말해도 될 것을 왜 그렇게 직설적으로 말했는지 원망스럽기까지 했어요. 그런데 얼마 지나지 않아 그것이 오히려 다행이라는 생각이 들었다고 해요.

어린 시절부터 교회에서 연극을 하면서 늘 주연만 도맡아 했던 A는 나름 연기에 자신이 있었지요. 자신이 조금만 힘을 주어 연기를 하면 다들 찬사를 보냈고, 그런 그는 자신이 연기를 잘한다고 생각해, 자신의 연기를 돌이켜 보거나 진지하게 생각해 본 적이 없었어요.

그런데 교수님의 말을 듣고 돌이켜 보니, 진심으로 그 역할에 푹 빠졌다기보다는 그저 멋있어 보이기 위해, 인정받기 위해 목소리에 힘을 싣고 과장된 몸짓을 했던 것에 불과하다는 걸 깨달은 거예요. 끼는 있었지만 느낌이 없었던 연기는 가볍다 못해 어찌 보면 정말 천박해 보일 수 있었던 거지요.

강이 바다인 줄 알고 제 잘난 맛에 연기를 했던 A는 '부끄러움'을 경험한 이후 더 큰 세상과 만났어요. 그리고 훌륭한 연기자로 오랫동안 시청자들의 사랑을 받고 있답니다.

누구나 자신이 바다인 줄 아는 때가 있어요. 하지만 시냇물이 흘러 강이 되고 강이 흘러 바다가 되는 것처럼 우리는 끊임없이 더 넓은 경험을 하기 위해 흘러가야 한답니다. 때로는 부끄럽고 수치스럽더라도요.

> 하루하루를 지내다 보면 부끄러워지는 자신을 만날 때가 있어요. 하지만 그런 순간이 오더라도 속상해하거나 자신을 부끄럽게 한 그 사람을 미워할 필요는 없어요. 그것은 큰 바다를 만나고서 그제야 내가 강이었음을 깨닫는 데서 오는 당연한 과정일 뿐이니까요. 그 부끄러움의 끝에서 바닷속으로 완전히 흘러들어 갈 때, 우리는 곧 거대한 바다의 일부가 될 수 있답니다.

 # 강에서 바다로

> 역사 속 소통의 달인들 5

자신을 먼저 열어 보이는 소통

　오프라 윈프리는 현재 미국에서 가장 영향력 있는 인물 중 한 사람이에요. 30년 가까이 자신의 쇼를 진행하면서 미국인들의 꾸준한 사랑을 받았지요.

　하지만 인종차별이 심한 미국에서, 그것도 사생아로 태어난 흑인의 오프라 윈프리가 이렇게 성공하기까지는 우여곡절이 많았답니다. 가난한 뒷골목의 꼬마였던 그녀가 사람들의 눈에 띄기 시작한 것은, 성경 구절을 암송하면서부터였답니다. 도시로 돈 벌러 떠난 엄마 대신 함께 살던 할머니의 칭찬을 받기 위해 성경 구절을 외웠고, 그것을 사람들 앞에서 외우자 사람들은 신기해하면서 그녀를 칭찬했지요. 그 후로 여러 교회의 초청을 받아 다니면서 시와 성경을 낭송하게 되었어요.

　하지만 10대에 들어서면서 마약에 빠지고 성폭행을 당해 14살에 미혼모가 되고 말았어요. 그녀가 낳은 아들은 태어난 지 2주 만에 세상을 떠났지요.

　하지만 이런 고통 속에서도 오프라 윈프리는 자신을 포기하지 않았어요. 책을 읽으면서 상식을 키웠고 방송 일을 하고 싶다는 꿈을 꾸기 시작했어요. 그리고 마침내 지방 방송사의 뉴스 진행자가 되었

오프라 윈프리
(Oprah Gaile Winfrey, 1954~)

지요. 훌륭한 진행자였던 오프라는 곧 중앙 방송으로 진출했고 마침내 자신의 이름을 내건 프로그램을 진행하는 위치에까지 이르게 되었답니다. 오프라 윈프리는 미국 내 시청자만 2,200만 명이고 세계 105개국에서 방영되는 토크쇼의 여왕이자, 잡지와 케이블TV 인터넷까지 거느린 하포(Harpo, Oprah을 거꾸로 한 이름) 주식회사의 회장이 되었어요.

　오프라가 토크쇼에서 이렇게 성공할 수 있었던 힘은 무엇일까요?
　오프라 윈프리는 방송 진행할 때 자신이 먼저 솔직하게 털어놓음으로써 초대 손님이 편안하게 말할 수 있도록 이끄는 것이 큰 특징입니다. 초대 손님이 말을 시작하면 눈을 바라보며 고개를 끄덕이거나 손을 잡는 등의 적절한 스킨십을 통해 공감대를 만들지요. 이런 소통법은 초대 손님과 시청자들까지 감동시켰어요. 또한 힘들었던 삶 동안에도 결코 자신을 포기하지 않고 노력을 계속했던 오프라의 인생 자체가 시청자들에게는 큰 위로가 되었답니다. 오프라 윈프리는 항상 이렇게 말합니다.
　"자, 이제 여러분도 용기를 내서 여러분 안에 잠자고 있는 거인을 깨워 보세요. 사람들의 마음속에는 각자의 거인이 살고 있답니다."

어린이를 위한 소통의 법칙

1. 내가 먼저 마음을 열어요.

2. 상대방을 끝까지 믿어 줘요.

3. 감사할 일을 떠올려 보세요.

4. 화가 났을 때는 한발 물러나서 생각해요.

5. 첫인상만으로 판단하지 마세요.

6. 상대방을 칭찬하세요.

7. 자신을 소중히 여기세요.

8. 웃음은 우리가 나눌 수 있는 가장 쉬운 선물이에요.

9. 긍정적으로 바라보세요.

10. 에너지를 얻을 수 있는 자신만의 옹달샘을 가지세요.

초   판 1쇄 발행 2011년 5월 11일
개정판 1쇄 인쇄 2025년 4월 14일
개정판 1쇄 발행 2025년 4월 25일

글 | 김창옥
그림 | 이동철
펴낸이 | 한순 이희섭
펴낸곳 | (주)도서출판 나무생각
편집 | 양미애 백모란
디자인 | 박민선
마케팅 | 이재석
출판등록 | 1999년 8월 19일 제1999-000112호
주소 | 서울특별시 마포구 월드컵로 70-4(서교동) 1F
전화 | 02)334-3339, 3308
팩스 | 02)334-3318
이메일 | book@namubook.co.kr
홈페이지 | www.namubook.co.kr
블로그 | blog.naver.com/tree3339

ISBN 979-11-6218-348-9 73190

값은 뒤표지에 있습니다.
잘못된 책은 바꿔 드립니다.

*종이에 베이거나 긁히지 않도록 조심하세요.
*책 모서리가 날카로우니 던지거나 떨어뜨리지 마세요. (사용연령: 8세 이상)
*KC마크는 이 제품이 공통안전기준에 적합하였음을 의미합니다.